우물 밖의 개구리가 보는 한국사

우물 밖의 개구리가 보는 한국사

지은이 마크 피터슨, 신채용
옮긴이 홍석윤
펴낸이 임상진
펴낸곳 (주)넥서스

초판 1쇄 발행 2022년 11월 10일
초판 4쇄 발행 2023년 8월 30일

출판신고 1992년 4월 3일 제311-2002-2호
주소 10880 경기도 파주시 지목로 5 (신촌동)
전화 (02)330-5500 팩스 (02)330-5555

ISBN 979-11-6683-425-7 04910

www.nexusbook.com

우물 밖의 개구리가 보는

하버드대 출신
한국학 박사에게 듣는
우리가 몰랐던 우리 역사

The Frog Outside the Well

한국史

마크 피터슨, 신채용 지음 | 홍석윤 옮김

지식의숲

차 례

1부
평화롭고 안정된 역사를 품은 한국

우물 밖의 개구리의 한국과 맺은 인연, 한국사를 공부하게 된 계기

처음 한국 문화를 공부하기 시작했을 때 나는 '우물 안 개구리'가 되고 싶었다. 한국 문화의 모든 것을 한국인과 똑같이 보고, 해석하고, 분석하고, 이해하고 싶었다는 얘기다. 그러다 생각이 바뀌었다! 그보다는 외부인의 시각으로 한국을 보는 '우물 밖의 개구리'가 되는 것이 더 좋겠다고 생각한 것이다.

나는 처음 한국 문화를 공부하기 시작했을 때부터 마법 같은 나이인 60세 환갑이 될 때까지 정통 역사학자가 되기 위해 최선을 다했다. 대학원생 시절 어디선가 발표를 했는데 질의응답 시간에 객석에 있던 한 한국 학생이 어떤 사안(정확히 어떤 사안이었는지는 기억나지 않는다)에 대한 나의 견해가 정통적인 견해가 아니라고 말했던 것이 생각난다. 나의 발표가 한국 학자들의 견해와는 다르다는 것이다. 실망에 빠진 나는 '정통이 아니'라는 소리를 듣지 않으려면 한국 역사를 더 잘 배워야 한다고 생각했다. 그러나 사실 상황은 더 심각했다. 그 후 다른 학자들로부터도 비슷한 말을 들었는데 그들은 나의 그런 비정통적인 견해가 아마도 일본의 영향 때문일 것이라고 말했다. 내가 받은 미국 교육 시스템의 일부가 일본 교육 시스템과 관련되어 있다는 비난도 받았다. 어찌 됐든 나는 그런 비난이 이해되지 않았고 오히려 '한국사'라는 학문 영역을 자신들의 영역으로 지키려는 선동적인 대학원생들이 상투적으로 사용하는 수사(修辭)라고 생각했다.

처음에는 그들의 지적을 인정했다. 그들이 그런 식으로 이야기하는 것을 들어주는 게 '본토 학자들'을 존중하는 것이라고 생각했다. 하지만 내가 한국사에서 어느 정도 경력이 쌓이면서 나중에는 상황이 변했다.

그동안 내가 한국사를 '올바르게' 이야기할 때면 사실 그 '올바른' 한국사 이야기라는 게 한국 정부의 웹사이트에서 따온 구절이기는 했으나 내가 그런 이야기를 하면서도 그 말을 받아들이기 어려울 때가 많았다. 그 이야기가 정말 옳다는 생각이 들지 않았기 때문이다. 그러나 '역사의 본국'이라는 명예를 지켜주기 위해 내 의심을 드러내지 않고 그저 '대세를 따랐다'. 첫 번째 의견 차이 중 하나는 한국 역사의 기원에 대한 것이었다.

주지하다시피 일반적인 견해는 '5000년'이다. 이는 분명히 잘못되었지만 어쨌든 그 이론이 '대세'였다. 나는 누군가가 한국은 5000년 역사가 있는 나라라고 연단에서 이야기하는 자리에 청중 자격으로 참여하거나 연사의 테이블에 앉았던 적이 여러 번 있었다. 그런 이야기를 듣는 동안 그 방에서 나와 같은 생각을 하는 사람들과 '또 시작이군'이라는 의미로 '눈알을 굴리곤'(eye-roll) 했다. 우리는 그 견해가 틀렸다는 것을 알고 있었으나 어쨌든 그 견해(한국의 역사가 5000년이라는 것)가 학계의 정통 견해였다.

사실 한국 역사를 5000년이라고 보는 견해는 단군신화를 말하거나 중국의 고대 역사 주장에 맞설 때뿐이다. 사실 역사의 핵심 개념이라 할 수 있는 글로 전해진 문헌에 따르면 한국 역사는 2000년밖에 되지 않는다. 문헌에서 한국이 독립 국가 형태로 등장하는 시기가 668년 통일신라 시대부터이므로 한국의 역사는 1400년 되었다고 할 수 있다. 미국 역사를 200년이라고 할 때 그것은 실제 정치 체제를 갖춘 국가를 말하는 것이다. 나는 하버드대학교를 졸업했는데 하버드대학교의 역사는 거의 400년이나 된다. 그렇다. 하버드가 미국보다 더 오랜 역사를 가지고 있다. 그런 점에서 보면 대한민국의 역사는 1945년 정부 수립 이후 75년밖에 되지 않는다. 하지만 고고학을 살펴보면 한국은 7000년이나 1만년 이상 되었다고 말할 수 있다. 중요한 것은 한 나라의 역사가 얼

하버드대학교 존 하버드 동상에서 필자

마나 오래됐는지 판단하는 데에는 다양한 방법이 있지만 대부분의 사람은 정해진 답을 가지고 있으며 그것을 정통적인 관점으로 생각한다는 것이다. 사실 나와 알 만한 친구들은 그런 관점이 실제 역사적인 판단이 아니라 정치적 밀약에 따른 관점이라는 것을 알고 있다.

역사적 질문들에 정치적으로 답변하는 사례는 이외에도 많다.

한국의 이웃 국가들과의 교류에 대해서도 일련의 정치적 함의가 정통적 견해를 형성하고 있다. 이 책에서 우리는 이른바 '일제 강점기'에 일본의 관점이 강제로 주입된 결과로(그것이 또 다른 정통적 견해로 자리를 잡았다) 한국 역사가 얼마나 왜곡되었는지를 살펴볼 것이다. 나는 그 시기를 그저 '일제 시대'라는 달콤하고 쉬운 문구로 표현하면 안 된다는 말을 여러 차례 들었다. 그렇게 좋은 말로 표현하면 안 되고 반드시 '일제 강점기'라고 해야 한다고 말이다.

우물 밖의 개구리의 관점

이러한 여러 가지 왜곡(일본인의 시각에 의해 주입된 왜곡도 있고, 한국 민족주의 시각에 의해 형성된 왜곡도 있다)을 보고 나는 학계의 원로 학자 중 한 명으로서 마침내 그런 왜곡의 '붕대를 풀기'(tear the bandage off)로 결심했다. '붕대를 푼다'라는 말은 심하게 다쳤을 때 붕대를 푸는 것이 고통스러운 것처럼 아픈 경험을 겪어야 한다는 의미의 영어 표현이다. 그래야만 치유 과정, 즉 역사를 제대로 보는 관점이 드러날 수 있다고 생각했기 때문이다. 그래서 나는 한국인들의 관점이 무엇이냐와 상관없이, 또 무엇이 정통이고 무엇이 비정통이냐와 상관없이 내 나름의 소신에 따른 견해를 발표하기로 마음먹었다. 나는 한국 역사를 그저 내가 보는 방식으로 이야기하고 싶었다. 그러면 사람들이 이렇게 말할 것이다. "그래, 한 번 해보쇼! 그건 틀린 얘기요. 한국인은 그렇게 생각하지 않아요. 미국 역사관이 일본 역사관으로 완전히 물들었군." 얼마든지 좋다. 당신이 원하는 대로 마음껏 비판하라. 하지만 그것이 바로 내가 보는 관점이다. 그런데 놀랍게도 내 강의를 들은 한국인들은 내 관점을 매우 좋아했다.

나는 내 관점을 뒷받침할 수 있는 합리적인 자료를 제시했다. 공손한 말투를 사용하고 듣는 이를 불쾌하지 않게 하려고 노력하면서도 내가 하고 싶은 말을 충분히 표현했다. 물론 그것이 한국에서 가르치는 방식이 아니라는 것을 잘 알고 있었다. 하지만 한국 청중들은 좋아했다. 때로는 사람들이 이미 잘 알고 있는 자료와 역사적 사건들을 발표하면서 그것을 다르게 해석했는데, 놀랍게도 한국 청중들은 내 관점이 비록 다르긴 하지만 충분히 설득력이 있다고 말하곤 했다. 간혹 "나는 그 사건에 대해 그렇게 생각해본 적이 없어요"라는 말도 듣긴 했지만, "당신의 관점으로 사건을 다시 보니 우리가 배워온 것보다 더 낫네요"라는 격려의 말도 많이 들었다.

결국 나는 내 관점을 정당한 것으로 보게 되었다. 비록 주류에서 벗어난 견해이긴 하지만 나는 비로소 '우물 밖의 개구리'가 된 것이다.

유튜브 채널을 시작하기 전에 나는 〈코리아타임스〉에 기고한글에서 나를 '우물 밖의 개구리'라고 선언했다. 그래서 내 유튜브 채널 이름을 '우물 밖의 개구리'(Frog Outside the Well)라고 부르는 것은 너무나 당연한 일이었다.

처음에는 유튜브 시청자들이 불쾌해할까 봐 걱정을 많이 했다. 나는 나 자신을 '우물 밖의 개구리'라고 부르는 것이 옳다고 생각했지만 이 말은 상대적으로 당신들 모두는 어떤 문제를 넓은 시각으로 보지 못한다는 의미의 '우물 안 개구리'라고 지칭하는 셈이 되기 때문이다. 그러나 사실 어떤 의미에서는 그것이 바로 내가 하려는 말이기도 하다. 다행히 이 말이 오만하거나 모욕적으로 받아들여지지는 않았다. 오히려 내 유튜브 채널에는 비한국인으로서의 우물 밖의 개구리의 관점을 설명한다는 내 생각을 지지하고 응원하는 댓글들이 많이 올라온다. 그들은 내 생각을 흔쾌히 받아들여 주었다.

그러므로 나는 이 책에서 내 시각, 즉 우물 밖의 개구리의 관점으로 한국사를 설명할 것이다. 물론 모든 역사를 다루지는 않을 것이다. 이 책은 한국 역사의 처음부터 현재까지를 포괄적으로 다루는 책이 아니다. 그에 대해서는 이미 썼다(영문판이기는 하지만). 오히려 한국의 역사와 문화에서 따온 몇 가지 주제만을 다룬다. 물론 그중에는 문학과 언어도 있다. 독자들은 어느 주제든 각자 원하는 지점에서부터 시작하고 끝낼 수 있다. 원한다면 맨 뒤부터 거꾸로 읽을 수도 있고, 중간 아무 데서부터나 이 주제, 저 주제를 넘나들어도 좋다. 그러나 이 책의 모든 주제를 관통하는 공통 테마 또는 줄기가 있다. 그것은 단지 외부인의 관점이라는 것뿐만이 아니라 세계 역사상 진정으로 독창적인 사람들(한국인)을 깊은 존경과 흠모로 가득 찬 눈길로 보는 관점이다.

그들은 지금까지 많은 고난과 역경을 이겨내 왔고 앞으로 더 많은 고난을 이겨낼 준비를 하고 있는 사람들이다. 물론 한국의 미래를 걱정하는 사람들도 있지만 나는 절대 걱정하지 않는다. 나는 지난 57년 동안 한국과 한국인들이 한 일을 내 눈으로 직접 봐왔다. 그들은 단지 살아남는 데 그치지 않고 앞으로도 탁월하게 헤쳐나갈 것이다.

요즘 일부 한국인들은 미래를 걱정한다. 오랜 원한이 맺힌 일본이나 중국의 침략 가능성을 말하는 사람들도 있다. 하지만 그런 우려에 대한 내 대답은 '한국인은 한국어로 말한다'라는 것이다. 그 말의 의미는 한 나라의 모든 문화적 사안 중에서 언어가 단연 문화의 핵심이라는 것이다. 중국은 수 세기 동안 한국을 속국으로 삼아왔으면서도 한국인의 언어를 파괴하지 않았다. 반면 일본은 한국인의 언어를 파괴하고자 노력했고 마침내 성공했다고 생각했다. 하지만 일본이 전쟁에 패해 한국을 떠나자마자 한국인들은 곧바로 한국어를 사용했다. 그들은 일본어로 말하라고 강요받았을 때도 한국어를 썼다. 그들은 공적으로 일본어로 말하도록 강요받았지만 사적인 공간에서는 여전히 한국어를 사용했다.

당연한 얘기처럼 들리지만 한국인은 한국어를 사용한다. 나는 《조선왕조실록》을 읽으면서 조선 조정이 중국에서 이것을 채택해야 할지 혹은 저것을 채택해야 할지에 대해 수많은 논쟁을 벌이는 것을 보았다. 조선이 중국에서 많은 것을 받아들인 것은 분명하다. 정부 조직은 물론, 유교 경전에 기초한 교육, 과거제도 등 많은 것을 중국에서 받아들였다. 조선은 중국 문화에 대한 이해도는 높았지만 조정에서는 X를 해야 하는지 Y를 해야 하는지로 잦은 논쟁을 벌였다. 그들은 때로는 중국의 방식을 선택했고 때로는 한국 전통의 방식을 선택했다. 그리고 조정의 모든 기록은 한자로 쓰였지만 그들이 쓰는 말은 언제나 한국어(조선어)였다. 그래서 한국인은 한국어를 사용한다고 말하는 것이다. 한국, 한국인, 그리고 한국 문화에는 언제나 독립성과 회복력이 있었다. 그것이 바로 한국인은 한국어를 사용한다는 말에 담긴 참뜻이다.

한국은 결코 중국이나 일본, 심지어 미국에도 정복당하지 않을 것이다. 한국인은 언제나 한국어로 말할 것이다. 그러니 친구들이여, 그런 걱정은 할 필요가 없노라.

이 책은 3부 총 20개의 장으로 구성되어 있으며 각 장은 한국 역사와 문화에 대한 각각의 관점을 보여준다. 순서는 정해져 있지 않아 독자 여러분이 내키는 대로 읽을 수 있지만 모든 장은 하나의 논지로 일관하고 있다. 바로 한국은 강하고 독창적인 문화를 가지고 있지만 동시에 내외부의 압력으로 인해 그 역사와 문화가 약간 왜곡되었다는 것이다. 그런 왜곡이 어떻게 생겼는지는 어느 정도 예상할 수 있다. 사실 그런 왜곡과 압력은 때로는 의도적으로, 때로는 무의식적으로 일본에 의해 수시로 가해졌다. 실제로는 의도적인 경우보다 무의식적인 경우가 더 많았을 것이다. 의도적인 왜곡은 그것이 왜곡이라는 사실로 빠르게 인식되어 대부분 해결되었지만 일제 시대, 그러니까 일제 강점기의 무의식적인 왜곡은 아직도 여러 방식으로 남아 있다. 그에 대해 전반적으로 이야기할 것이다.

나는 박사학위 논문 집필을 마치고 한국과 처음 만나게 된 경위를 간략하게 설명하는 것으로 시작할 것이다. 그리고 유교에 대해 내가 배운 것 중 일부를 개략적으로 설명한 다음, 유교가 일부의 주장대로 버려져서도 안 되지만 한국에서 최근에 이루어지는 방식으로 받아들여져서도 안 된다는 것을 제안할 것이다. 적어도 유교에 관한 한 우리는 대타협이 필요하다. 그 타협은 17세기 말에 조선에 들어온 남성 우위적인 엄격한 유교 사상 이전의 유교 사상에서 찾아볼 수 있다.

이어지는 장들에서 나는 한국의 역사를 보는 관점을 180도 뒤

집어 보아야 한다는 주장을 제기할 것이다. 이는 일본의 억압으로부터 생겨난 희생 이야기가 한국 역사 전체를 보는 관점이 되어서는 안 된다고 생각하기 때문이다. 여기서 한국 역사 전체란 고고학이나 신화 혹은 선사시대의 어떤 형태를 말하는 게 아니라 기록된 모든 역사를 의미한다. 나는 단군신화에 대한 현재의 추측이나 일부 사람들에게 인기 있는 특정 형태의 선사시대 연구가 불편하다. 나는 그런 역사학자들이나 역사학도들의 우익적이고 국수주의적인 접근법이 불편하다. 스스로 역사학자라고 자처하는 사람들이 자신들의 '이론'을 설파하고, 기록된 증거 이상으로 선사시대에 대한 자신의 견해를 '남들이 믿도록' 주장하는 것을 보는 일은 괴로운 일이다. 이들의 역사적 접근법은 역사보다는 종교처럼 느껴지기도 한다.

나는 한국 역사를 관통하는 주요 주제는 평화와 안정이라는 점을 주장할 것이다. 이는 한국 역사를 흔히 '희생의 역사'라고 말하고 가르치는 것과는 정반대다. 이를 위해 나는 한국 역사를 일본 역사와 많이 비교해볼 것이다. 예를 들어 어느 장에서는 천 년 이상 동안 필기시험(과거제도)을 통해 정부 관료들을 채용해온 한국의 전통에 찬사를 보낼 것이다. 이를 일본의 사무라이 역사와 비교해보라. 그들은 다른 사람을 희생시켜가며 자리를 계승했고 그것이 실패하면 자결했다. 일본의 역사는 삶과 죽음, 살인과 권력 장악에 관한 이야기뿐이다. 일본에서 권력을 장악하는 자는 라이벌을 가장 성공적으로 죽인 사람이다. 가장 큰 영토를 차지한 다이묘가 마침내 천황까지 통제한다. 일본의 역사는 피비린내 나는 이야기 투성이다. 반면 한국에서의 권력은 최고의 문장력 및 학식으로 과거 시험에서 장원 급제한 최고의 학생에게 돌아간다. 일본과 한국을 비교해보면 한국에서는 문자 그대로 펜이 칼보다 강했다.

전통적인 질서가 무너지고 민주화, 서구화, 현대화가 시작되면서 군주제가 붕괴했다. 그러자 일본인들은 다시 과거 사무라이 정신으로 회귀했고 이것이 일본 제국을 건설하기 위한 싸움으로 이어지면서 세계대전을 일으켰다. 반면 마찬가지로 전통 세계가 붕괴했을 때 한국인들은 일본과 달리 선비 정신으로 되돌아가 다시 공부에 몰두했다. 그리고 그들은 마침내 권력이나 천연자원이 아니라 지성에 기반을 둔 강력한 국가를 건설했다. 한국 지성의 교육이야말로 오늘날 한국의 역동성을 이해하는 열쇠다.

우리는 각 장을 통해 이러한 주제들의 흐름을 보게 될 것이다. 그 안에서 한국이 번영하는 힘, 즉 단지 생존만을 위한 것이 아니라 번영하는 힘을 보게 될 것이다.

이제 이쯤에서 내가 어떻게 한국의 역사를 공부하기 시작했고, 어떻게 한국에 완전히 매료되었는지 이야기할 때가 되었다.

버스 차장. 1965년 창신동 근처

한국과 맺은 인연, 한국사를 공부하게 된 계기

내가 한국에 처음 온 것은 1965년 11월의 어느 따뜻한 날이었다. 시골을 좋아하는 나로서는 산비탈에 둥지를 틀고 있는 초가집과 마을들의 아름다운 풍경이 좋았다. 나는 그 마을 사람들도 좋아했다. 그들은 거칠면서도 다정하고, 친절하고, 남을 돕기를 좋아하며 행복하게 살고 있었다. 나는 한국을 방문하기 전에 미리 한국어를 배우고 싶었지만 어떤 교육도 받을 수 없었다. 그러던 차에 내가 다니던 유타주립대학교에서 홍우식이라는 한 학생을 만났고 그는 내게 인사하는 법과 남에게 고마워하는 법을 가르쳐주었다. 그리고 마침내 나는 한국에 갈 준비가 되었다.

나는 1965년 11월부터 1968년 5월까지 2년 반 동안 한국에서 선교사로 일했다. 그때까지만 해도 한국은 별다른 변화를 보이지 않았다. 한국의 경제 발전은 한참 뒤에 시작되었고 그때부터는 몇 달마다 새로운 변화가 생기기 시작했다. 하지만 변화를 감지하기에는 그 속도가 너무 느렸다. 당시만 해도 한국은 가난해도 지독하게 가난한 나라였다. 1인당 연간 국민소득이 125달러에 불과했다. 잘사는 사람들(한국에서는 그들을 '부자'라고 불렀다)은 지프를 개조해 만든 검은색 지붕의 4인용 차를 타고 다녔다. 우리가 보기에는 형편없는 차들이었지만 당시에는 한국의 부자들이 생각해낼 수 있는 최고의 차였다.

택시는 개조된 지프나 낡고 오래된 미국 차였는데 대부분 택시에는 미터기가 없었기 때문에 요금을 흥정하기가 일쑤였다. "광화문부터 동대문까지 400원!" "뭐라고요?" "저번에는 200원이었잖아요." "좋아, 그럼 300원만 내." 그런 흥정 끝에 택시를 타곤 했다. 당시 환율이 1달러에 270원 정도였다. 그리고 내가 가장 좋아하는 불고기 한 끼가 270원이었다.

우리는 버스도 즐겨 탔다. 우리 일행 대부분은 키가 커서 버스지붕 환풍구 밖으로 머리를 내밀어야만 했다. 버스에는 '차장'이라는 사람이 있었다. 대개 젊은 여성이었던 차장들은 손님들로부터 요금을 받고 그들이 버스에 오르는 것을 도왔다. 그리고 버스 옆면을 두들기며 "오라이~"라고 외치곤 했다. 내 생각에 '오라이~'라는 말은 운전사에게 이제 안전하니 출발해도 좋다는 신호를 전달하는 말인데 영어 '올라잇'(all right)을 그렇게 말한 것 같지만 확실치는 않다.

그런데 버스가 출발해도 그녀는 몸이 위태롭게 반쯤 문밖으로 나가 있다가 달리기 시작하면 그제야 문을 끌어당겨 닫곤 했다.

종로에서 화신백화점, 미도파백화점, 신세계백화점을 지나 남대문과 서울'요크'(yoke)까지 가는 길에는 전차가 있었다. 나는 처음에는 서울'요크'라고 배웠다가 나중에 그 모음을 짧게 '역'(yeok)이라고 세련되게 발음할 수 있었다.

나는 처음에 삼청동에서 살았는데, 삼청동 계곡 꼭대기까지 가려면 소형버스를 타거나 개울을 따라 걸어 올라가야 했다. 내가 삼청동을 떠날 때쯤에는 서울시가 개울을 복개해서 도로 포장을 했기 때문에 삼청공원이 시작되는 계곡 꼭대기까지 차량들이 오르내리기 쉬워졌다. 우리는 종종 청운동까지 걸어가서 청와대를 지나가곤 했다. 그 길은 수년 동안 개방됐다가 폐쇄되기를 반복했는데 결국에는 일반인들의 통행을 위해 다시 개방되었다. 바로 청와대 건물과 경복궁 뒤편 사이의 도로였다.

청운동을 방문하는 길은 항상 즐거웠다. 청운동에 우리 선교단의 '본부'가 있어서 고향(미국)에서 오는 우편물이나 좋은 소식은 그곳에서 받을 수 있었다. 부모님은 내게 매달 90달러의 생활비를 보내주셨다. 당시 우리 선교 체제는 비용을 자체 조달하는 구조였기 때문에 본국에 선교사를 후원할 가족이 없거나 가족이 있어도 후원할 형편이 안 되는 경우를 제외하고는 교회로부터 봉급을 받지 않았다. 어떤 선교사들은 선교 활동을 시작하기 전에 스스로 돈을 벌어야 했다. 그러나 대부분 버는 돈이 매우 적었으므로 나머지는 부모가 지원하는 돈에 의존해야 했다. 당시 한국은 1인당 연간 국민소득이 125달러였을 때여서 매달 부모로부터 90달러를 받는 우리는 부자에 속했다.

우리가 선교 활동을 하기 위해서는 주거 비용(임차료)이 30달러, 음식을 만들어주는 주방 요리사 비용을 포함해 식비로 30달러가 들어갔고, 나머지 30달러로 교통비 등의 비용을 충당했다. 6개월에 한 번씩은 멋진 맞춤 양복을 살 수 있을 정도로 충분한 돈이었다!

우리 주방 요리사는 '야키메시'(やきめし)와 '야키만두'를 잘 만들었는데 우리는 나중에서야 그 말이 일본어가 섞인 말이며 한국말로 '볶음밥'과 '군만두'라고 불러야 한다는 것을 알게 되었다. '자동차'를 '구루마'(車, くるま)라고 말하는 것도 한 번 이상 들어본

것 같다. 그리고 '파파상'이나 '마마상'(영어로 아버지를 뜻하는 papa
와 어머니를 뜻하는 mama라는 단어에 타인을 호칭하는 일본어 상(さ
ん)을 붙인 말 – 옮긴이)이 사용해서는 안 되는 단어라는 것을 아는
데에도 꽤 시간이 걸렸다. 식당에서 식사하는 것은 아주 특별한 일
이었다. 일주일에 한 번은 불고기를 먹었고 역시 일주일에 한 번
정도는 중국 식당을 갔는데 대부분 1층 건물인 마을에 중국 식당
은 항상 2층 건물이었다. 중국 음식점에서 우리의 주메뉴는 항상
새콤달콤한 돼지고기 요리인 탕수육이었다. 중국 식당은 마치 천
국 같았다. 그리고 우리는 가끔 자동차 윤활유로 만든 것 같은 면
음식을 먹었다. 그것을 '짜장면'이라고 불렀는데 그 또한 특별한
즐거움이었다. 집에서는 대개 칠리콩을 넣은 밥을 먹었다. 젊은 몸
을 지탱하려면 많은 탄수화물이 필요했다. 아침 식사는 달걀 프라
이였다.

　사람들은 가난했다. 그러나 우리는 그들에게 교회에 대해 가르
쳤고, 서로에게 친절했으며, 서로 도우며 살았다. 어느 날은 한 남
자가 찾아와서 교회에 대해 배우고 싶다고 말했다. 우리 집에는 부
엌에서 떨어진 방이 하나 있었는데 거기에 우리가 공부하고 가르
칠 때 자주 사용하는 책상과 의자가 있었다. 그 남자는 감기에 걸
린 것 같았다. 나는 그가 혹시 결핵에 걸린 건 아닐까 두려웠다. 그
는 손수건으로 코를 계속 닦았는데 그 손수건의 가장자리에는 황

갈색 무늬가 분명하게 그려져 있었다. 내 기억으로 그는 우리 집에 두 번쯤 온 것 같다. 그러던 어느 날 한밤중에 집에 도둑이 들었다는 인기척을 느끼고 잠에서 깨어났다. 강도들은 우리 네 명이 바닥에서 잠을 자는 침실 문을 밖에서 잠갔다. 그때 우리 중 한 명이 긴 막대가 우리 머리 위를 지나 옷장에서 양복을 꺼내는 것을 목격했다. 침실과 인접한 부엌 사이에는 창문이 있었는데 그가 정신을 차리고 보니 긴 막대가 우리 양복을 매단 채 들락날락하는 것이었다. 그는 즉시 집에 강도가 들었다는 것을 알아차렸다. 그는 잠든 척하며 몸을 굴리다가 재빨리 몸을 들어 올리고 소리를 지르며 우리 모두를 깨우고는 동시에 문밖으로 달려가 강도들을 붙잡을 셈이었다. 그 친구는 바로 스티브 레시먼(Steve Leischman)으로, 운동선수 출신이었기에 나름 치밀한 계획을 잘 짜낸 것이다. 하지만 침실 문이 잠겨 있다는 것을 미처 알아차리지 못했다. 우리는 방에 갇힌 꼴이 되었다. 그가 문을 부수고 나갔을 때 도둑들(아마도 두서너 명은 되는 것 같았다)은 벌써 짧은 책장 위에 나사로 고정시켜 놓은 연필깎이를 포함해 부엌에 있는 모든 것을 들고 도망쳐 버렸다. 그들은 책 전부와 우리 양복의 절반을 가져갔다. 미리 복도 바깥쪽에 있는 미닫이문을 들어 올려서 물건을 운반할 수 있는 넓은 공간을 확보해놓고 있었다. 그들은 모두 사라지고 없었다. 문밖 바닥에 떨어진 손수건만 빼고 말이다. 바로 그 황갈색 무늬의 손수건이었다.

애거사 크리스티 같은 명탐정이 아니더라도 충분히 범인을 찾을 수 있었을 것이다. 그러나 우리는 그 사건을 절망적으로 가난한 사람들이 가득한 이 나라에서 흔히 있어날 수 있는 하나의 해프닝으로 치부하고 말았다.

선교 경험 중 가장 기뻤던 일은 광주광역시에 처음 갔을 때였다. 우리는 거처할 곳을 구해야 했기 때문에 세 들어 살 집과 '개척 교회'로 사용할 장소를 찾았다. 처음에는 2층 사무실을 구했다. 나는 진짜 개척자가 된 것 같았다. 사람들은 모두 우리에게 친절했다. 처음에는 서울의 교회에서부터 우리와 함께했다가 광주에 내려와 교편을 잡고 있던 성도 한 명으로 시작했지만, 차츰 더 많은 사람이 우리 교회에 나오기 시작했다. 무에서 유를 창조하는 것은 만족스러운 일이었다.

다시 서울로 돌아와 신촌에서 8개월 동안 일하면서 선교사 임무를 마친 다음, 청운동 본부에서 재정 비서로 일했다. 주로 장부를 기록하고 맞추는 일이었으며 많은 것을 배울 수 있는 새롭고 흥미로운 경험이었다. 나는 업무상 은행에 자주 드나들었는데 우리 거래 은행은 미도파백화점 근처에 있는 상업은행이었다. 13층짜리 건물로 당시 한국에서 가장 높은 건물이었다. 얼마 후에는 18층짜리 조흥은행 건물이 지어졌다. 이윽고 나는 한국을 떠났지만 그 후 한국에는 더 높은 건물들이 속속 생겨났다.

한국을 떠나는 것은 슬펐지만 나는 선교사로서 내 의무를 완수했고 가족 품으로 돌아가 학교를 계속 다니고 싶은 생각이 간절했다. 나는 이미 예비역에 속했고 유타주립대학에서 2학년을 마쳤지만 한국에 대해 더 공부하고 싶었다. 당시 유타주립대학에는 아시아학 과정이 없었기 때문에 나는 여러 아시아학 프로그램이 있는 사립대학 브리검영대학교(BYU)로 편입학했다. 나는 선교사 시절에 어떻게 공부해야 하는지를 알았기 때문에 매일 아침 5시에 일어나 한국어를 공부했고 그 교육 방법을 대학 공부에도 적용했다. 결국 좋은 성적을 받아 하버드대학교 석사학위 과정에 들어갈 수 있었다.

석사학위를 받았지만 역시 하버드는 하버드였다. 내가 취득한 것은 MA(Master of Arts)가 아니라 AM이었다. (하버드대에서는 석사 학위를 AM이라고 부른다!) 그게 바로 하버드였다. 모든 게 조금씩 달랐다. 당신은 하버드에 '캠퍼스'가 없다는 것을 알 것이다. 그들은 하버드 '야드'(yard)라고 부른다. 어쨌든 AM 학위를 받은 후 나는 내 신부가 될 여성과 함께 아시아를 여행하기 위해 1년을 휴학했다. 아는 선배가 자신의 아내를 한국에 데리고 갔지만 아내가 행복해하지 않은 것을 본 적이 있었기 때문이다. 남편이 한국에 관해 공부하고 있었지만 아내는 그저 아무 흥미 없이 따라간 것뿐이었다. 그래서 나는 내 새 신부가 될 사람이 한국을 좋아하지 않는다면 한국과 관련된 박사과정이나 직업을 갖고 싶지 않았다. 다행히 그녀는 한국을 많이 좋아했고 이후에도 계속 좋아했다.

그래서 그녀와 함께 1년간 아시아 여행을 한 후 다시 하버드로 돌아와 한국학 박사과정을 마쳤다. 그렇게 해서 나는 한국과 관련한 직장 생활을 시작할 수 있게 되었다. 나는 풀브라이트 박사 학위 논문 연구 보조금으로 1년 동안 한국에 갈 수 있는 기회를 얻었다. 1년 후에는 하버드대학교로 다시 돌아가 박사 논문을 쓰기로 되어 있었는데 풀브라이트 한국 지부장에 공석이 생기면서 그 자리에 지원했고 결국 한국에서 무려 7년 동안 머물러 살 수 있었다!

풀브라이트 프로그램을 이끄는 것은 정말 즐거웠다. 그곳에서 멋진 사람들을 정말 많이 만났다. 미국과 한국의 학자들과 학생들도 많이 만났다. 풀브라이트 프로그램은 대사관의 의붓자식과도 같아서 대사관으로부터 자금을 지원받았지만 우리는 외교 사절로 간주되지 않았다. 나는 '준'(準)이라고 쓰인 자동차 면허증을 가지고 있었다. '준'은 '준외'(準外), 즉 '준외교관'(semi-diplomatic)이라는 뜻이었는데 그게 바로 내 신분이었다. 나는 미국을 비롯한 여러 나라의 외교관들과 한국의 외무부, 교육부 관리들을 많이 만났다.

내가 풀브라이트 일을 시작한 직후에 브리검영대학교(BYU)에 자리가 났지만 풀브라이트에서 일을 시작하자마자 떠나는 것은 옳지 않다고 생각했기 때문에 BYU에는 가지 못한다고 말했다. 그런데 풀브라이트에서 일한 지 6년 만에 다시 BYU에 또 다른 자리가 생겼고 그때가 바로 돌아가야 할 때라고 생각했다. 나는 풀브라이트에서 근무하면서 얻은 행정 업무 경험, 함께 일한 최고의 직장동료들, 한국의 훌륭한 친구들이 좋았지만 교수가 되고 싶은 마음이 있었다. 그래서 나는 BYU가 있는 유타주 프로보(Provo)로 떠났다. 고요한 프로보는 서울과는 정말 대조적인 곳이었다. 그곳은 조용한 대학가였지만 여느 대학가처럼 항상 뭔가 일어나는 곳이었다. 우리는 곧바로 프로보에 적응할 수 있었다.

그러다 내가 속한 교회에서 1987년부터 1990년까지 부산의 선교단체를 맡아달라는 요청이 와서 다시 한국으로 와 교회 일을 하게 되었다. 학교의 일상적인 생활이 그리웠지만 다시 한국에 와서 부산과 경상도 지역의 좋은 친구들을 많이 사귀게 된 것도 아주 멋진 경험이었다. 예전에 전라도를 경험했으니 이제 그야말로 신라, 백제, 고구려를 모두 섭렵하게 된 것 아닌가? 서울이 고구려로 간주된다면 말이다. 그렇지 않을지도 모르지만. 어쨌든 나는 당시 그지역의 한국인들과도 잘 사귀었고 내가 맡고 있는 선교단체의 젊은 남녀 미국인들과도 좋은 친구가 되었다. 선교단체의 젊은 사람들에게 책임자는 거의 부모와 같은 존재다. 우리는 또 함께 봉사했던 사람들과도 매우 친하게 지냈다.

옥산서원에서 필자

부산에서의 임무를 마친 후 다시 BYU로 돌아왔다. 하지만 한
국과의 관계가 완전히 끝난 것은 아니었다. 나는 내 경력의 마지
막 부분인 1990년부터 2018년까지의 기간에도 한국을 자주 여
행했다. 그렇게 할 수 있었던 데에는 두 가지 요인이 작용했다. 하
나는 BYU 해외 유학 프로그램이었는데 이 프로그램을 운영하면
서 봄 학기 동안 학생들을 데리고 나갈 수 있었다. 또 하나는 뉴욕
의 코리아 소사이어티(Korea Society, 한미 양국의 상호이해와 친선
증진을 목표로 1957년에 설립된 비영리단체로 정책, 경제, 교육, 예술,
영화 등 다양한 분야에서 연구 활동을 하고 있음 - 옮긴이)가 주관하
는 여러 세미나에 참석한 것이었다. 이 세미나들은 한국해외홍보

원(Korean Overseas Information Service, 나중에 한국학중앙연구원 Academy of Korean Studies으로 이름이 바뀌었음)이 후원하는 행사로, 프로젝트의 목적은 미국 교과서에 실린 한국에 관한 내용을 개선하는 것이었으며 간혹 이를 위한 강의나 세미나도 개최했다. 이 기간 중에 나는 1년에 한 번, 때로는 1년에 세 번 넘게 한국을 여행했고, 2019년에는 1년에 무려 여덟 번이나 한국을 다녀왔다. 그러던 차에 코로나19가 세계를 강타했으니 참으로 미래가 어떻게 될지 그 누가 알겠는가. 이제 나는 너무 늙어서 1년에 여덟 차례씩 여행을 하기에는 무리다. 하지만 두세 차례 정도는 문제없을 것이다. 어떻게 될지 두고 보자.

한국을 자주 여행한 덕분에 변화무쌍한 한국의 상황을 어느 정도는 따라잡을 수 있었다. 언젠가 교과서 집필자 프로젝트에서 현장 학습을 나간 적이 있다. 우리는 연구 활동에 거의 항상 경주 등지의 현장 학습을 포함시킨다. 우리는 새로 난 고속도로를 달리고 있었다. 나는 새로 난 고속도로에 항상 감명을 받는다. 구불구불한 한국의 1번 고속도로(서울-부산 고속도로)와는 달리 새 고속도로는 터널이 산을 통과하고 높은 다리가 계곡을 가로지르며 화살처럼 곧게 뻗어 있었다. 믿을 수 없는 발전이다. 고속도로를 달리던 중에 우리는 갑자기 어디선가 들려오는 멜로디를 들었다. 귀에 익은 어린이 노래 멜로디였다. 우리는 곧 그 소리가 뉴스에서 들었던 소리라는 걸 깨달았다.* 고속도로 노면에 특정 거리 간격으로 홈이 파여져 있어 자동차 바퀴가 지나가면서 노랫소리가 나는 것이었다. 신기하기도 하지. 그래서 다음 번 그룹을 데리고 한국에 와서 그 도로를 달릴 때 나는 그 구간을 지나기 전에 버스에 탄 학생들에게 미리 "어린이 노래를 배워볼까?"라고 말하고는 그 노래를 간단히 가르쳤다. 그리고 곧이어 버스가 그 구간을 지나자 익숙한 노래가 나오기 시작했다. 그때 학생들의 얼굴을 당신도 봤어야 하는데. 그들은 자신들이 어떤 초지구적 경험을 하고 있는지 미처 알지 못했다. 하지만 그다음 해, 우리가 다시 그 구간을 지날 때 나는 이번에도 똑같이 준비했지만 더 이상 그 노래는 들리지 않았다. 아마도 '운전자의 졸음을 깨우려는 목적'으로 내는 이 음악을 좋아하지 않는 사람들도 있어서 도로의 홈을 메워버린 것 같았다. 고속도로에는 더 이상 노랫소리가 들리지 않았다. 나는 도대체 누가 그런 결정(홈을 메워 소리가 나지 않도록 한 결정)을 했는지 알고 싶었다. 어쨌든 한국은 첨단 기술이 끊임없이 발전하고 역동하는 곳이다.

---

* 한국도로공사에서는 교통사고를 줄이는 방편으로 여러 가지 연구를 하고 있다. 그중 하나가 도로 노면에 가로 방향으로 홈을 파서 자동차 바퀴와 노면의 마찰력을 소리로 바꾸는 방법이다. 홈 간격을 얼마나 길게 하느냐에 따라 음역을 조절할 수가 있는데, 예를 들어 홈 간격이 10.6cm일 때 '도'의 음역, 9.5cm는 '레', 8.4cm는 '미'소리가 나게 된다고 한다. 이런 과학적 이론을 바탕으로 실제 도로에 홈을 파서 운전자가 멜로디를 들을 수 있게 한 곳이 '멜로디 도로'다. 우리나라에는 청원-상주 고속도로에서 동요 〈자전거〉와, 서울외곽순환도로에서 〈비행기〉, 그리고 강원도 정선의 하이원 리조트 진입로 구간에서 〈산바람 강바람〉 등의 동요 멜로디를 들을 수 있다.

아울러 이 책을 발간하는 프로젝트를 하게 된 계기와 소중한 인연을 말씀드리고자 한다. 먼저, 프로젝트를 추진해주신 나의 친구 신채용 박사님께 감사드린다. 사실, 그는 나에게 멋진 출판사를 소개해 주었다.

우리는 2년 전에 처음 만났다. 그때는 코로나19가 발생하기 전이었다. 신 박사님은 나의 유튜브 채널을 보고 연락했다. 그렇게 만난 우리 둘은 공통의 관심사가 있었다. 그것은 한국의 전통 사회와 족보에 관한 것이었다. 나는 족보에서 볼 수 있는 양반을 비롯하여 옛 호적에서 볼 수 있는 일반 백성과 노비에도 관심을 가지고 있는데, 신 박사님은 조선시대 최고위층이라고 할 수 있는 왕실과 혼인하는 양반을 연구하고 있다는 점에서 나의 연구를 보완해주었다.

우리는 많은 부분에서 서로의 연구를 이해하고 있다. 우리는 공동의 연구 분야가 있기도 하지만, 각자 다른 분야도 있다. 그렇지만, 우리는 조선 시대의 사회 분야에 대해서는 함께 이해하고 연구하고 있으며 그것을 매우 즐기고 있다.

나는 한국 사회의 모든 측면을 연구할 수 없다는 것을 깨달았다. 왕실과 그들의 사돈 가문을 연구하려고 노력하지는 않는다. 하지만 바로 그 부분은 신 박사님이 연구하고 있는 분야다. 신 박사님의 꾸준한 연구에서 많은 것을 배웠다. 이 자리를 빌려 신 박사님께 감사드린다.

　이제 됐다. 할 말은 아직 더 많지만 이 정도면 충분히 말했으니 이제 본론으로 들어가 보자. 나는 당신이 이 책을 즐겼으면 좋겠다. 당신이 좋아하는 부분부터 읽어도 좋다. 그리고 당신 생각을 알려주기를 바란다. 언제든지 내 유튜브 채널 '우물 밖의 개구리'에 댓글로 남기면 내가 반드시 읽을 것이다.

우물 밖의 개구리의
한국사를 보는 시각

역사학자가 아닌 사람들은 역사에 대해 많은 오해를 하고 있다. 그들은 대개 역사를 형상이 있는 고형의 물체, 즉 실제로 존재하는 실체적인 것이라고 생각한다. 그래서 어떤 사람은 어느 역사를 보고 이러저러한 책을 쓰지만 또 어떤 사람은 그 물체(역사)의 다른 부분을 보고 전혀 다른 내용의 책을 쓰면서 각자 그것을 역사라고 부른다.

나는 오히려 역사는 '고형의 물체'라기보다는 형상이 없는 '기체'에 가깝다고 주장하고 싶다. 기체는 기체가 담긴 그릇의 모양을 취한다. 1965년의 한국사는 가난하고, 짓밟히고, 자신감 없고, 희생당하고, 최하위권 나라라는 그릇에 채워진 기체였다. 그러나 2022년의 한국사는 전혀 몰라볼 정도로 다른 그릇에 채워져 있다. 그 그릇은 번영과 자신감과 성취감으로 가득 차 있어 지구상의 어느 나라와도 경쟁할 수 있는 그릇이다. 그릇에 채워진 기체, 즉 역사는 그릇의 모양에 따라 그만큼 달라진다. 그리고 물론 당연히 그래야 한다.

결국 달리 표현하자면 역사는 한 나라가 어떻게 현재의 모습이 되었는지에 대한 설명이다. 1965년의 한국 역사는 희생, 가난, 실패의 이야기였고 한국이 어떻게 그렇게 되었는지에 관한 이야기였다. 그러나 2022년의 한국의 역사는 다른 이야기를 들려주어야 한다. 2022년의 한국의 역사는 한국이 어떻게 성공했고 번영했으며 온갖 종류의 상품과 오락의 생산자가 되었는지를 말해주어야 한다. 하지만 과연 그럴까?

안타깝게도 내가 1965년의 한국 역사책에서 읽은 것 중 많은 부분이 여러 가지 측면에서 오늘날에도 여전히 변함이 없다. 하지만 나는 이 책에서 과거와는 다른 한국사 이야기를 하려고 한다. 오늘날 한국의 역사가 50년 전과 같지 않다고 말하는 사람은 나뿐만이 아니다. 많은 젊은 학자들이 해방 이후부터 전해 내려온 기본 개념에 의문을 제기하고 있다.

역사는 역사에 등장하는 사람들이 누구인지, 그들이 어떻게 그렇게 되었는지를 설명할 수 있어야 한다. 어떤 역사도 완전할 수는 없지만 모든 역사는 역사가 목도한 이야기를 묘사하기 위해 최선을 다한다. 내가 이 책을 쓰는 목표는 한국 역사의 처음부터 현재까지를 모두 포괄하는 일반적인 이야기를 쓰려는 것이 아니다. 비록 영문으로 썼지만 사실 그런 시도도 해보았다. 하지만 이 책을 쓰는 목표는 몇 가지 문제 영역, 즉 18개에서 20개 정도의 문제 영역만 추려서 그에 대한 내 관점을 제시해보는 것이다. 이건

단순한 의견 제시가 아니다. 그렇게 생각하는 사람도 있겠지만 이 책에서의 내 관점은 그 이야기에 관한 연구와 50년간 조사하고 가르친 것을 바탕으로 다른 사람들이 도출한 결론의 일부를 재평가한 끝에 나온 것이다.

한국사에 대한 나의 가장 기본적 시각은 대부분의 한국인들이 한국사에 대해 전반적으로 매우 왜곡된 관점을 갖고 있다는 것이다. 오랜 세월 동안의 가난과 억압으로 왜곡되었고 외부의 영향, 특히 일본에 의해 때로는 고의적으로 때로는 부지불식간에 왜곡되어온 것이다. 나는 한국을 희생자라고 보는 일반적 서술이 매우 잘못되었다고 생각한다. 물론 한국이 19세기 후반과 20세기 전반 대부분 기간에 일본의 희생물이었던 것은 사실이다. 이런 인식은 일본으로부터 해방되고도 끝나지 않았다. 일본의 식민지 점령보다 더 큰 피해를 초래한 한국의 분단은 오늘날까지도 여전히 존재하는 피해의식의 요인이 되었다. 희생이 한국 역사에서 강력한 주제인 것은 분명한 사실이지만 그렇다고 그것이 한국 역사의 유일한 주제는 아니다.

한국이 피해자라는 것에 초점을 맞추고 한국의 모든 역사를 그런 관점으로 보는 것은 커다란 실수이며 이는 20세기 이전에 한국 역사에서 일어났던 다른 일들까지 왜곡시킨다. 한국 역사를 긴 안목으로 들여다보면 경이로운 성취의 역사가 상당 부분 차지하지만 많은 역사가가 이를 무시하거나 잘못 해석하고 있음을 알 수 있다. 특히 한국 역사를 피해로 비유하는 관점에서는 더욱 그렇다.

한국의 역사에는 피해자로서의 이야기보다 더 의미 있는 한국 고유의 주제나 한국을 잘 대변하는 주제들이 많이 있다. 그런데도 피해라는 주제에 집중함으로써 그런 긍정적인 주제들을 가리는 것이다. 아마도 가장 중요한 예가 한국을 안정적이고 평화로운 나라로 묘사하는 것일 것이다. "한국이 안정되고 평화로운 나라라고?!" "무슨 소릴 하는 거야?" 사람들이 믿지 못하겠다며 비명을 지르는 소리가 벌써 들리는 것 같다. 하지만 그것이 한국 역사를 보는 나의 입장이다. 특히 통일신라 이후부터 구한말 고종에 이르기까지 한국의 역사는 놀랄 만큼 평화로웠으며 나름 안정적이었다. 나는 그것을 입증할 증거가 있다. 그리고 그 증거는 당신에게도 있다!

이와 관련하여 내가 이 책에서 밝힐 이야기들을 당신이 모르는 것은 아니겠지만 나는 다만 그 이야기를 새로운 시각으로 볼 수 있는 방법을 제시하고자 한다. 나는 몇 년 동안 (아마도 15년쯤 되었을 것이다) 한국에서 이러한 주제들로 강의도 하고 동영상도 만들어서 내 유튜브 채널에 올려놓았다. 그걸 접한 한국 시청자들의 가장 공통된 반응은 "당신이 옳은 것 같아요. 나는 그동안 그 이야기를 그런 관점으로 본 적이 없거든요. 당신이 새로운 증거를 제시한 건 아니지만 완전히 다른 관점으로 역사를 보게 해주었습니다"라는 것이었다.

한국사를 안정적이고 평화로운 역사라고 보는 이유

한국의 역사를 보는 나의 가장 중요한 관점은 한국은 안정적이고 평화로운 역사가 있다는 것이다.

여기에는 몇 가지 증거가 있다. 첫째, 한국의 왕조들은 긴 역사를 가지고 있다. 대부분 한국 사람들은, 이같이 긴 역사를 가진 왕조들을 그저 부패, 비효율, 부적절한 통치로 가득 찬 불행한 사건들로 점철된 실패의 역사로 해석해왔다. 물론 그런 해석은 주로 일본의 영향을 받았기 때문이다. 하지만 나는 그런 시각은 진실과는 거리가 멀다고 생각한다.

둘째, 왕조 간 권력의 원활한 이양이다. 한국의 왕조들은 세계에서 가장 오래 지속된 왕조일 뿐만 아니라 한 왕조로부터 다음 왕조로의 권력 이양이 놀라울 정도로 순조로웠다. 사실 너무나 순조로워서 나를 포함한 많은 사람이 실제로 가야에서 신라, 그리고 고려에서 조선까지를 단 하나의 긴 왕조라고 생각할 정도다. 이로 인해 약 1500년 동안 귀족 계급이 거의 변하지 않는다는 특징이 확실히 드러나기도 했다.

셋째, 이 책에서 나는 그동안 자주 들어온, 한국이 여러 차례 침략을 당했다는 주장에 반론을 제시할 것이다. 나는 정반대의 관점, 즉 한국은 상대적으로 침략을 받은 적이 거의 없었다는 주장을 제시하고자 한다. 물론 20세기는 끔찍한 침략의 역사였지만 한국의 역사 전체를 그런 침략의 먹구름으로 덮어버리는 것은 중대한 왜곡이다. 어떤 일을 말할 때 숫자로 표현하면 더 실감이 나는 것처럼 한국이 당한 온갖 '침략'을 모두 합쳐 그렇게 말하는 것은 가장 큰 양대 침략의 심각성을 오히려 경시하는 셈이 될 수 있다. 한국이 무려 984차례나 침략을 당했다는 것은(그 숫자가 얼마가 되었든 간에) 동해안의 한 마을에 해적이 습격한 것과 200만 명에서 400만 명의 사람들이 사망한 1592년의 임진왜란을 다 같은 침략으로 계산한 수치다. 하지만 나는 침략이라는 말의 개념에는 질적인 측정치를 부여하는 것이 중요하다고 생각한다. 그런 점에서 임진왜란과 13세기 고려 왕조에서의 몽골 침략에 견줄 만한 침략은 없다. 사람들은 1627년의 정묘호란과 1636년의 병자호란도 외세의 침략으로 포함시키려 하지만 그 침략은 성격이 매우 달랐다. 두 차례의 호란은 한국을 적으로 보고 침략한 것이 아니라 동맹국으로 만들기 위한 전쟁이었다.

넷째, 한국은 고구려, 백제, 신라의 삼국 시대 이후 결코 다른 나라를 침략하지 않았다는 사실이다. 나는 이에 대해 사람들이 그것은 한국이 '너무 약해서 다른 나라를 침략하지 못했을 뿐'이라며 부끄러움에 고개를 숙이는 것을 본 적이 있다. 나는 그 생각에 동의하지 않는다. 오히려 한국이 다른 나라를 침략할 필요가 없을 정도로 평화롭고 안정된 역사를 가진 것에 대해 축하를 받아야 한다고 생각한다.

다섯째, 한국의 국경을 안전하게 지켜준 압록강을 들 수 있다. 내가 이 사실을 알 수 있도록 도움을 준 서던캘리포니아대학교(USC)의 데이비드 강(David Kang) 교수님께 감사를 표한다. 그는 압록강이 강 이남의 한국인들과 강 이북의 여러 종족과 왕조들(때로는 조직적인 나라 형태를 갖추기도 했고 때로는 나라의 틀을 갖추지 못한 거란족, 여진족, 중국인들도 있었다) 사이의 국경 역할을 확실히 해왔다고 주장한다. 압록강이야말로 지구상에서 가장 오랜 기간 지속된 국경선일 것이다.

여섯째, 한국의 왕릉은 도굴되지 않았다는 사실이다. 나와 한 단체에서 활동하던 한 고고학자가 세미나와 현장답사를 하던 중에 내게 이런 사실을 상기시켜주었다. 등잔 밑이 가장 어둡다더니, 한국 역사를 전공했다는 나는 이 사실을 전혀 눈치채지 못했다. 중동과 이집트 역사를 전공하는 그 고고학자가 한국의 신라 무덤은 언제 도굴되었느냐고 내게 물었을 때 나는 신라의 무덤들은 도굴되지 않았으며 과학적으로 발굴된 몇몇 무덤에서 왕관과 모든 금과 보석들이 온전하게 발견되었다고 말해주었다. 그는 내 말에 충격을 받으면서 그런 점이 바로 신라 이후 한국 역사의 안정성을 보여주는 것이라고 대답했다.

일곱째, 이게 정말 중요하다. 지난 천 년 동안 한국 역사에는 선비가 계속 존재해왔다는 것이다. 이것은 일본의 사무라이 전통과 극명한 대조를 이룬다. 일본은 20세기 초까지 봉건제라는 원시적인 형태의 정부 내에서 권력을 다투며 서로 죽고 죽이는 사무라이의 전통을 보였다. 그러나 한국은 이미 고려 초기에 봉건제도를 버리고 보다 발전된 형태의 정부인 중앙집권 국가를 발전시켰다. 일본에서 관리의 '채용'은 칼에 의한 것이었지만 한국에서는 누가 최고의 문장을 쓸 수 있느냐를 가르는 과거 시험으로 관리를 뽑았다. 한국의 이런 역사는 '펜이 칼보다 강하다'는 진리를 보여주는 것으로 일본 역사와 대조를 이룬다.

여덟째, 군에 대한 통제다. 군이 문신의 정부에 의해 질서 있게 통제되어야 한다는 사상은 한국에서 수천 년 동안 지켜져 왔다. 이에 대한 예외는 최씨 가문이 고려 조정을 장악했던 고려 후반 80년 동안뿐이었다. 반면 일본의 '바쿠후'(幕府)는 왕을 왕좌에 앉혔지만 실제 권력은 군인들의 손에 있었다. 한국은 고려 말에 80년 동안 이런 일을 겪었지만 더 나은 문치(文治)를 위해 그것을 기꺼이 포기한 반면, 일본은 사무라이 군사 정부를 천년 동안 유지했다. 한국은 문과(文科) 시험뿐만 아니라 무과(武科) 시험도 치렀기 때문에 무과 관리도 문과 관리와 마찬가지로 시험을 보아야 했다 (시험 과목에는 강서와 무예 모두 포함되어 있었다). 국가 관료직의 절반은 이들 무과 군인에게 할당되었다. 그들은 모두 중앙정부에 소속되어 있었기 때문에 일본처럼 서로 싸울 필요가 없었다. 한국은 완전한 문치 국가였다.

아홉째, 비록 좋은 사례는 아니지만 우리가 지금 이야기하는 안정성 측면에서 한국은 세계 어느 나라보다 오랜 노비 보유 사슬을 가지고 있다는 사실이다. 이는 비록 자랑할 만한 것은 아니라 해도 그 이면에는 소위 상류층 귀족 계급이 그만큼 안정성을 유지해왔으며 마찬가지로 하류층도 노비의 안정성과 부동성을 유지해왔음을 보여주는 것이라 하겠다.

마지막으로 열 번째 이유는 한국에는 '왜 그렇게 김씨, 이씨, 박씨들이 많은가?' 하는 것이다. 이는 내가 가장 좋아하는 마지막 증거다. 나는 이 질문으로 한국 문화에서 가장 위대한 퍼즐을 알아냈다고 생각한다. 이 질문에 대한 한국인들의 대답은 원래 그렇다는 것이다. 그러니까 대부분의 한국인에게 이것은 질문거리도 안 되거니와 대답할 거리도 안 된다는 것이다. 하지만 그럴 수는 없다! 이것은 엄연한 질문이다. 우물 안의 개구리들이 그것을 보지 못한다면 아마도 우물 밖에 있는 개구리가 그것을 볼 수 있지 않을까? 다른 문화와 비교했을 때 한국은 몇 개의 성씨(姓氏)에 많은 사람이 몰려 있다는 것이 매우 독특한 점이다. 내 생각에 그 이유는(사실 이것은 앞의 아홉 가지 이유의 결과이기도 하다) 한국 역사가 너무 안정적이어서 이전 왕조의 통치자들이 죽임을 당하지 않고 그 후손들이 다음 왕조와 그다음 왕조를 거쳐 오늘날까지 계속 이어졌기 때문이다. 그러니까 김·이·박이라는 성씨가 이전 왕조 왕실의 성이지만 다른 문화에서와는 달리 왕조가 몰락한 이후에도 죽임을 당하거나 제거되지 않고 그대로 살아남은 것이라고 생각한다.

1부

평화롭고 안정된
역사를 품은 한국

The Frog Outside the Well

1장

한국은 침략을 많이 당하지 않았다!

Q   교수님! 한국의 역사를 '침략받은 역사'라고 생각하는 한국 인들이 많습니다. 하지만 역사를 전공한 저는 그런 인식에 동의하지 않습니다. 사실 한국은 유럽이나 중국처럼 외세로부터 그렇게 많은 침략을 당한 것은 아니기 때문입니다. 물론 한국 역사에서 큰 전쟁이 몇 번은 있었습니다. 고구려는 수나라, 당나라의 침략에 맞서 싸웠고, 고려 시대에는 몽고와 홍건적의 침략이 있었습니다. 조선 시대에는 임진왜란, 병자호란 등의 큰 전쟁이 있었습니다. 그리고 마지막에 대한제국은 일본의 식민지가 되었습니다. 이런 전쟁들이 작은 전쟁은 아니었지만 다른 나라와 비교해보았을 때 결코 침략이 많았다고 할 수는 없다고 생각합니다. 교수님은 이러한 사실에 대해 어떻게 생각하십니까?

A　　　　침략 문제는 매우 민감한 주제입니다. 나는 몇 년 전부터 한국이 그렇게 많은 침략을 당한 나라가 아니라고 말하기 시작했지요. 그랬더니 내 수업을 듣는 학생들은 거의 자동적으로 거부 반응을 보이더군요. 하지만 더 큰 안목으로 내 주장을 계속 피력하자 이제 한국 학생들뿐 아니라 일반인들도 내 주장을 인정하고 있습니다.

우리는 먼저 20세기가 문제였다는 것을 지적하지 않을 수 없습니다. 내 말의 요점은 한국 역사를 넓은 관점에서 보면 침략이 실제로 그렇게 많지는 않다는 것입니다. 하지만 최근 역사에서(20세기 들어서) 일본의 끔찍한 침략과 점령이 있었고, 전후 미국과 소련의 개입으로 나라가 분단되었으며, 이어서 북한과 전쟁을 치르면서 한국이 아직도 분단국가라는 사실이 한국 역사를 희생의 역사로 볼 수밖에 없도록 만들었다는 것입니다. 하지만 우리는 20세기를 넘어 한국의 역사를 보아야 합니다.

역사를 쓰는 데 있어서 문제는 가장 최근의 사건들이 더 크게 보인다는 점입니다. 한국 국민들이 20세기에 일어났던 전쟁에 크게 영향을 받은 나머지 그 이전의 역사까지 같은 패러다임, 즉 전쟁과 희생의 범주로 위축시키는 것은 자연스러운 현상이라고 할 수 있지요.

'한국 역사는 희생과 전쟁의 역사다.' 나는 이 말을 너무나 자주 들었습니다. 심지어 택시 운전사들에게서도요. 그들은 자동적으로 그렇게 말하는 경향이 있습니다. 하지만 과연 그럴까요?

질문 하나 해보지요. 역사란 무엇일까요? 역사가가 아닌 사람들은 역사를 절대적인 것이라고 생각할지도 모르겠습니다. 역사는 이미 '그곳'에 있는 불변의 것이어서 사람들이 가서 발견한다고 생각하지요. 그리고 모든 역사학자는 '그곳'의 역사를 살펴보고 돌아와서 그 역사에 대해 또는 그 일부에 관해 씁니다. 그래서 나는 모든 역사학자들은 역사란 해석되는 것이라는 걸 너무 잘 알고 있다고 말하고 싶습니다. 해석하기 위해서는 다른 나라의 역사도 보아야 하고, 한 나라의 역사라도 그 나라의 다른 시대를 함께 보아야 하지요. 그래서 역사는 사건을 비교하는 경우가 많습니다. 그래서 '최악의 전쟁'이니 '최악의 왕'이니 '최고의 정부 체제'니 하는 말들을 하는 것입니다.

역사를 이해하기 위해서는 현재를 보는 것이 중요합니다. 우리가 어떻게 현재에 이르게 되었는지에 관한 질문의 답이 바로 역사이기 때문이지요. 특히 한국의 경우 그 질문의 답은 내가 처음 한국에 왔던 1965년과 2022년의 오늘날과는 엄청나게 다를 것입니다. 1965년의 한국은 일본에 얻어맞고, 착취당하고, 전쟁의 피해에서 벗어나지 못한, 세계에서 가장 가난한 나라 중 하나였습니다. 1인당 연간 국민소득은 125달러에 불과했지요. 그 당시 한국의 '역사'는 오늘날 부유하고, 번영하고, 성공하고, 자신감 넘치고, 많은 나라의 부러움을 사는 한국의 역사와는 분명히 달랐을 것입니다. 1965년에 한국을 부러워하는 나라는 하나도 없었으니까요.

2022년의 한국 역사가 1965년의 한국 역사와 크게 달라야 하지만

실제로 그렇게 많은 변화가 보이지는 않는 것 같습니다. 나는 한국에서 많은 주제와 비유가 역사를 따라 변하지 않고 그대로 행진하는 것을 볼 수 있었습니다. 역사가 '우리가 어떻게 여기까지 왔는지'에 대해 질문을 던진다면 2022년의 역사의 답은 1965년의 역사의 답과는 당연히 달라야 합니다.

　다르게 봐야 할 중요한 주제 중 하나가 바로 '침략'입니다. 우물 밖의 개구리의 관점에서 볼 때 한국은 침략을 많이 당한 나라가 아니라는 것입니다. 폴란드나 독일 같이 육지로 둘러싸인 나라들은 훨씬 더 많은 전쟁과 침략을 겪었습니다.

한국은 1592년 일본의 침략(임진왜란)과 1200년대 몽골의 침략이라는 두 차례의 큰 침략을 겪었습니다. 임진왜란으로 200만에서 400만 명에 달하는 백성들이 일본군에 의해 살해되었고, 몽골의 침략으로 100만에서 200만 명에 달하는 백성들이 몽골군에 의해 살해된 것으로 추정됩니다. 이 두 침략을 제외한 다른 모든 침략이나 침략 시도는 이에 비하면 미미한 수준이었지요.

1627년과 1636년에 일어난 만주족(후금, 청나라)의 두 차례 침략(정묘호란과 병자호란)도 한국 역사에서 중요한 침략으로 언급되지만 사망자 수는 수백만 명 정도가 아니라 수천 명에 그쳤습니다. 이 침략의 목적은 백성을 죽이고 약탈하기 위해서가 아니라 중국에 새로 들어선 청 왕조가 조선을 동맹국으로 삼기 위해 벌인 전쟁이었지요. 그 전쟁이 두 차례의 침략으로 이어진 이유는 조선이 동맹국이 되는 데 동의했으면서도 비밀리에 명나라와 접촉해 청나라를 공격하는 방안을 모색했기 때문이었습니다. 조선과 명나라의 밀약을 알게 된 만주족은 다시 조선을 침략해 왕(인조)의 굴욕적인 항복을 받아냈지만 이번에는 청 왕조에 대한 조선 왕의 충성을 담보하기 위해 왕의 세 아들을 인질로 잡고 조선에서 철수했지요. 그들은 조선에 군대를 남겨두거나, 총독을 임명해 조선 조정을 통제하려 하지는 않았습니다. 그들은 말 그대로 완전히 조선을 떠났습니다.

만주족은 살육과 절도 행각도 벌이지 않았지요. 한 만주족 장군이 마을을 급습해 사납게 날뛰는 병사들을 풀어 민간인을 죽이는 일이 벌어졌을 때 만주군 지휘관들이 그 장군을 지휘 체계에서 배제시켜 만주로 돌려보냈을 정도였으니까요. 만주족의 침략은 앞서 언급한 일본이나 몽골의 침략과는 근본적으로 달랐습니다.

나는 한국 역사를 이야기할 때 신라 통일 이전과 이후로 구분하기를 좋아합니다. 668년 이전에는 삼국 간에 많은 전쟁이 있었고, 중국의 수나라와 당나라와도 전쟁이 있었습니다. 그러나 668년 이후 한국은 기본적으로 봉건국가에서 중앙집권적인 관료국가로 탈바꿈했지요. 이는 한국이라는 나라를 문명화된 정치 체제로 특징짓는 중대한 전환이었습니다. 한국은 정말 문명화된 나라였습니다. 군대가 아닌 문치의 나라였지요. 통일신라 시대부터 한국은 사무라이 국가, 즉 봉건 체제의 무사들이 통치하는 나라가 아닌 선비의 국가가 시작된 것입니다.

물론 완전한 문치로의 전환에는 시간이 좀 걸렸지요. 고려 중기 최 씨 무신정권으로 한 발 후퇴하긴 했지만 일단 그 실험이 실패하자 한국은 다시 봉건국가로 되돌아가지 않는 선택을 했습니다. 한국은 봉건주의보다 더 발전된, 문민이 지배하는 중앙집권적 관료국가로 나아갔습니다. 이후 일본이 한국을 점령한 암흑기 동안 일본인들은 일본의 봉건제도가 한국의 문치 체제보다 더 진보된 체제라고 거짓 선동했습니다. 하지만 과거 시험을 통해 공직에 등용된 관리가 지배하는 한국의 문민 기반 중앙집권 체제는 일본의 폭력적인 무사 기반 봉건주의보다 훨씬 더

임진왜란 〈사천해전도〉

발전된 체제였습니다.

통일신라 시대 이전에는 많은 전쟁이 있었지만 668년 통일 이후 한국은 문민적이고 평화로운 정부와 사회를 향해 꾸준히 나아갔지요. 오랜 기간 지속된 왕조 간의 원활한 정권 이양이야말로 한국이 평화로운 나라였음을 입증하는 증거라고 할 수 있습니다.

물론 한국의 역사에서 전쟁이 적지는 않았습니다만 전쟁과 침략의 영향과 횟수를 지나치게 과장하는 사람들이 있는 것 같습니다. 예를 들어 나는 1970년대 어느 날 은퇴한 고등학교 교사 한 분을 만난 적이 있는데, 그는 한국 역사에서 찾을 수 있는 모든 '침략'을 찾아 그 횟수를 계산해 내더군요. 그는 공식 역사, 실록, 문집, 야담 등 모든 자료를 샅샅이 뒤져 총 985회라는 정확한 숫자를 산출해 냈습니다. 하지만 그는 일본 해적이 해안을 습격한 사소한 침략까지 모든 외부의 침략을 빠짐없이 헤아렸습니다. 일본 해적이 마을을 습격해 쌀 한두 가마니를 훔쳐 갔다거나 돼지 한 마리를 훔쳤다거나, 어린 소녀를 납치한 것 등 모든 침략을 다 포함시킨 것이지요. 물론 몇 명이 죽었을 수도 있지만 그것은 단지 해적의 습격이지 침략이라고는 볼 수 없는 사건들입니다.

해적의 습격 같은 사소한 사건들을 '침략'으로 분류한다면 침략이라는 용어를 너무 남발하는 것입니다. 1592년에서 1598년 사이의 임진왜란 중에 일본 군대가 400만 명의 조선인을 죽인 것은 세계 역사상 최악의 전쟁 중 하나였고, 그것은 명백한 '침략'이라고 할 수 있지요. 하지만 침략이라고 부르기에는 거리가 먼 것들까지 침략이라고 부르는 것은 두 가지 문제를 낳습니다. 하나는 침략이라는 단어의 의미에도 부합하지 않는다는 것이고, 다른 하나는 한국 역사를 피해의 역사라고 보는 인식을 더 조장한다는 것입니다.

피해의 역사! 한국이 최근의 역사인 20세기에 희생을 당했다고 해서 한국 역사 전체를 희생의 역사라고 보는 것이 바로 문제입니다. 한국의 의지에 반한 일본의 점령, 미군에 의한 종전, 역시 한국의 의지에 반한 '임시' 분단이 70년이 지난 오늘날까지 이어지고 있는 것, 일제 강점기 하에서 일본의 국토 유린에 따른 빈곤, 일본의 정치적 탄압, 그리고 60년대부터 시작된 군사정권 등 한국의 의지에 반하는 모든 것이 한국 역사가 오직 희생으로 점철된 역사라는 절망감으로 이끈 것입니다!

이런 피해의식은 현실적이었을 뿐 아니라 매우 압도적이었지요. 그러나 나는 한국 역사에 그런 희생의 그림자를 드리우는 것은 잘못이라고 생각합니다. 예를 들어 일본이 임진왜란을 일으킨 것은 1592년이고 일본이 한국을 강제 병합한 것은 1910년인데, 이를 두고 마치 일본이 바로 다음 날 되돌아온 것처럼 말하는 것은 옳지 않다고 생각합니다. 그렇게 생각하면 안 되지요! 만일 그렇게 생각한다면 임진왜란 이후 거의 평화로웠던 300년은 완전히 사라지는 셈이 되어버리니까요. 물론 19세기에도 몇 차례 반란이 있었지만 많은 사람들에게 삶은 여전히 계속되었지요. 사람들은 여전히 가정을 꾸려나갔고, 여전히 농사를 지었으며, 엘리트들은 여전히 유학(儒學)을 공부하며 과거 시험을 준비했습니다. 제사 때가 되면 대가족이 모여 조상들께 제를 올렸지요. 사람들의 삶은 그렇게 계속되었습니다.

1592년 임진왜란이 일어나기 전인 1231년에 몽골의 침략이 있었지만 그 사이의 360년 동안에는 전쟁이나 혼란이 거의 없는 평화로운 시기였습니다. 혹자는 몽골의 침략과 일본의 침략 사이에 왕조의 변화,

즉 고려 왕조가 몰락하고 조선 왕조가 등장했으니 혼란이 없었다고 말할 수는 없지 않으냐고 주장할지도 모릅니다. 하지만 우물 밖의 개구리의 관점에서 볼 때 고려에서 조선으로의 왕조 변화는 놀라울 정도로 평화로웠습니다. 다른 나라의 경우 왕조의 변화 시기에는 수천 명이 죽거나, 지배계급이 제거되거나, 수십 년은 아니더라도 수년간의 싸움이 이어지는 게 보통입니다. 하지만 한국에서는 그렇지 않았지요. 이성계는 어느 날 오후에 갑자기 정권을 잡았습니다! 지배계급의 제거도 없었지요. 고려 왕조의 지배계급은 새 왕조에서도 계속되었습니다. 희생된 사람도 거의 없었는데 이는 고려의 기존 지배계급이 기본적으로 정부와 사회를 새롭게 만들었기 때문이지요. 달라진 것은 왕위에 오른 사람이 '왕'씨가 아니라 '이'씨였다는 사실뿐이었습니다.

반쯤 비어 있는 물 한 컵은 반대로 표현하면 반쯤 물이 찼다고 말할 수도 있습니다. 바로 관점의 차이지요! 나는 한국 역사에서 전쟁 기간보다 평화로운 기간이 훨씬 더 오래 지속되었다는 점을 주목해야 한다고 제안합니다. 또한 우리가 20세기 초 중반에 한국 사람들이 겪었던 희생 관념으로부터 이제는 벗어날 것을 제안합니다. 평화로운 문민 사회의 오랜 역사를 보면 한국 역사에서 희생의 시기는 평화와 번영의 시기보다 훨씬 짧습니다.

Words of The Frog Outside the Well
우물 밖의 개구리의 한마디

•

Korea has really only suffered two major invasions —
the Mongols in the 13th century, and the Japanese in
the 16th century. The Manchu Invasions were very
different — they were out to make Joseon an ally, not
an enemy.

한국이 대규모로 침략을 받은 것은 13세기 몽골 침략과 16세
기 일본 침략 두 차례뿐이다. 병자호란은 경우가 다르다. 병자
호란은 조선을 적이 아니라 동맹국으로 만들기 위한 전쟁이
었다.

2장

김·이·박 등
주요 성씨를 통해 본 안정된 한국사

Q   우물 밖의 개구리로서의 교수님의 관점에서 가장 극적인 측면 중 하나는 정작 우리가 그다지 중요하게 생각하지 않은 부분이었습니다. 바로 우리나라에는 성씨가 다른 나라에 비하여 왜 그렇게 많지 않으며, 그마저도 김, 이, 박이라는 세 가지 성씨에 집중되어 있느냐 하는 것이었지요. 사실 우리 한국인들은 그 문제에 대해 그다지 깊게 생각해보지 않았던 것 같습니다. 그저 당연하게 여겼으니까요. 하지만 저는 교수님의 지적이 옳다고 생각합니다. 우리는 우리 자신의 성씨에 관한 한 정말이지 우물 안 개구리였던 것 같습니다.

교수님은 그 답을 알고 계십니까? 왜 한국에는 성씨가 그렇게 많지 않으며, 그마저도 김, 이, 박 세 성씨에만 그렇게 많은 인구가 몰려 있을까요?

A   이것은 매우 흥미로운 문제입니다. 내가 이 문제를 알아내는 데에는 52년이 걸렸는데 이제서야 마침내 그 이유를 알 것 같습니다. 그리고 이 답이야말로 내가 정말 우물 밖의 개구리라고 말할 수 있는 용기를 준 아이디어이기도 합니다. 나는 이 질문에 새로운 관점을 적용했지요.

그리고 내 결론은 한국이 정말 독특하게 평화롭고 안정된 역사가 있다는 다른 증거들과도 정확히 부합합니다.

이를 알아내기까지는 시간이 좀 걸렸습니다. 사실 나 자신조차도 한국 역사에 대한 20세기 관점, 즉 한국은 오랫동안 희생양이었고 많은 다른 나라들로부터 침략을 당해왔다는 잘못된 관점에 갇혀 있었습니다. 하지만 한국 역사를 정확하게 이해하기 위해서는 바로 이런 20세기 관점에서 벗어나 한국 역사를 긴 안목으로 바라볼 줄 알아야 합니다.

우리는 많은 면에서 20세기의 이야기와 다른 이야기를 볼 수 있습니다. 여기서 한국 역사가 평화롭고 안정된 역사였다는 모든 종류의 증거를 찾을 수 있지요. 오랜 기간 지속된 왕조들, 왕조들 간의 평화로운 정권 이양, 상대적으로 적은 전쟁과 외세의 침략, 변하지 않고 유지되어 온 국경, 선비에 의한 문치 등 이 모든 것들이 한국이 평화롭고 안정된 사회였음을 보여주는 징표들입니다. 그 징표들 중에서 성씨는 최고의 징표라고 할 수 있지요. 성씨야말로 누구도 부인할 수 없는 가장 명백한 증거니까요!

왜 그렇게 많은 사람들이 김·이·박이라는 성을 갖게 되었을까요? 몇 년 전 일본에서 온 한 학생을 만났을 때 나는 이 문제를 이해할 수 있는 핵심 단서를 얻을 수 있었습니다. 그녀는 자신의 성이 후지와라(藤原)라고 말했습니다. 나는 그 성씨가 일본 헤이안 시대(平安時代)에 권력을 장악했던 가문의 성이라는 것을 알고 있었습니다. 그래서 그녀에게 그 이름이 한국의 신라 시대와 거의 동시대인 헤이안 시대의 귀족 계급 이름이라는 것을 알고 있다고 말했습니다.

그녀는 부끄럽고 수줍은 척했지만 내가 그녀의 성을 알아보는 것을 영광으로 여겼습니다. 그러더니 이렇게 말했습니다. "네, 맞아요. 하지만 우리 가문 중 지금까지 남아 있는 사람은 얼마 되지 않아요. 헤이안 시대 이후 가문 전체가 몰살을 당했으니까요." 그녀의 이 말에서 나는 단서를 얻었습니다. 다른 나라에서는 어느 왕조가 몰락하면 대혼란이 오고 몰락한 왕조의 가문들은 대개 '살아남지 못한다'라는 것입니다. 하지만 한국에서는 그렇지 않았지요.

한국에서는 가야가 신라에 멸망당했을 때 가야의 귀족들은 신라의 귀족으로 그대로 흡수되었습니다. 훗날 삼국을 통일한 신라의 '통일대장군' 김유신은 마지막 가야 왕의 손자였지요. 이 가야족 김씨들은 나중에 김해 김씨로 불리며 신라에 살았습니다. 《삼국사기》에서 신라 김씨들은 '구(舊) 김씨', 가야 김씨들은 '새 김씨'로 언급되어 있습니다. 그리고 나중에 신라가 고려에 함락되었을 때 양 김씨 가문은 동맹을 맺고

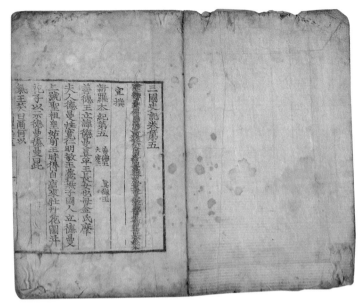

《삼국사기》

함께 후백제와 싸웠습니다. 그뿐만 아니라 신라 출신의 동맹 가문들(김, 박, 이, 최, 정씨 등)은 고려 귀족에 참여하기도 했지요. 그 뒤 고려가 멸망하고 들어선 조선의 새 왕이 누구였나요? 바로 신라 육부촌(六部村, 서라벌의 여섯 씨족 집단- 옮긴이) 중 하나인 이씨 가문이었습니다. 그러니까 서라벌의 후손인 게지요.

한국에 김·이·박 성씨가 그렇게 많은 이유는 오랫동안 지속된 왕조들 간에 평화적으로 권력이 이양되었기 때문입니다. 이는 앞서 후지와라 양이 말한 바처럼 '일본에서 우리 성씨들이 살아남지 못했다'라는 것과는 대조를 이루지요. 한국에서는 정권 교체기에 그런 살육이 일어나지 않았던 것입니다.

내가 이런 주장을 하거나 이런 이야기를 유튜브 채널에 올릴 때마다 '고려가 멸망할 때 왕씨 일족이 전멸한 것은 어떻게 설명할 것이냐'고 말하는 사람들이 항상 있습니다. 우선 왜 사람들이 왕씨 일족이 전멸했다고 생각하는지 질문을 던지고 싶습니다. 한두 가문이 죽긴 했지만 왕씨 일족 전체가 죽는 일은 없었습니다. 심지어 이성계의 새로운 왕조 건설을 도운, 이른바 조선 개국공신 중 두 명은 왕씨 일족이었지요. 그리고 본격적인 조선 시대에 이르러서는 왕씨 일족들이 과거 시험에 합격하여 관직을 맡는 경우도 많았습니다. 문과에 급제한 사람이 10명, 사마시(생원진사시)에 합격한 사람이 27명, 무과에 급제한 사람이 11명에 달했고, 기술직인 잡과에 급제한 사람도 4명이나 되었습니다. 오늘날 한국에는 왕씨 성을 가진 사람들이 2만 5,000명에 달하는데 북한에도 분명히 더 많은 왕씨가 살고 있을 것입니다. 아마도 거의 모든 한국인은 왕씨 친구를 적어도 몇 명은 알고 있을 수도 있습니다. 미국에 있는 내 교수 친구도 성이 왕씨니까요. 왕씨는 결코 희귀 성이 아닙니다. 어쨌든 왕씨 일족이 전멸했다는 것은 사실이 아닙니다.

하지만 왕씨 일족은 왜 더 많이 살아남지 못했을까? 나는 그것은 전멸의 문제가 아니라고 생각합니다. 고려 시대 당시에도 왕씨 성을 가진 사람들이 크게 번창하지 않았음을 보여주는 증거들이 있습니다. 물론 이를 입증하기 위해 오늘날과 같은 훌륭한 인구조사 자료는 없지만 약간의 증거는 있지요. 고려 시대의 과거 시험 등록자 명단을 보면 고려 엘리트 계층 사회에 대한 단서를 얻을 수 있습니다. 그러나 고려 시대 과거 시험에 합격한 사람의 수는 생각만큼 많지 않습니다. 고려 시대의 과거 시험 합격자 자료는 빈약하지만 어떤 사람들이 합격했는지, 조선의 유력 가문인 김·이·박·최·정·강씨가 고려 시대에도 강력했는지에 대한 단서를 얻을 수 있습니다. 그 자료에서 우리는 과거 시험 합격자 중에서 왕족이 차지하는 비중이 고려 시대와 조선 시대가 크게 다르다는 것을 알아냈지요. 조선 시대에 과거 시험에 가장 많은 합격자를 배출한 가문은 왕실 가문인 전주 이씨 가문이었습니다. 그러나 고려 시대에는 전혀 그렇지 않았습니다. 고려 시대에 왕씨 가문 중에서 문과 시험에 합격한 사람은 13명뿐이었고 사마시에 합격한 사람도 6명에 불과했습니다. 우리는 조선 시대에 과거 시험에 합격한 사람들의 명단을 모두 가지고 있는데 약 1만 5,000명 정도 됩니다. 반면 고려 시대의 과거 시험 합격한 사람들의 명단은 1,500명 정도에 불과합니다. 문과 시험만 보면 왕족인 왕씨 가문 비중은 1%도 되지 않는다는 것을 의미하지요. 조선 시대에는 872명의 전주 이씨가 문과 시험에 합격했고 이는 전체의 6%에 육박하는 수치입니다.

고려 말 왕씨 일족이 전멸되었다고 전해지지만 이런 자료에 근거해

본다면 실제로 죽임을 당한 것은 한두 가문에 불과했고, 이는 왕씨 일족의 절반도 되지 않은 수였을 것입니다. 그러나 어쨌든 왕씨 가문이 그렇게 번성한 것 같지는 않습니다.

물론 한국 역사에서 왕실 가문과 모든 귀족 가문을 전멸시킨 사례가 없는 것은 아닙니다. 백제 시대 내내 그랬고 고구려에서도 대부분 그랬지요. 우리는 백제 시대 귀족인 사씨(沙氏), 연씨(燕氏), 협씨(劦氏), 해씨(解氏), 정씨(貞氏), 국씨(國氏), 목씨(木氏), 백씨(苩氏) 등 8대 귀족 가문이 전멸되어 백제 후기 역사에서는 그 이름이 아예 나타나지 않는다는 사실을 알고 있습니다. 하지만 이들의 모국인 부여라는 왕조의 이름은 오늘날까지 전해지지요. 고구려도 멸망과 함께 대부분의 귀족 가문이 멸문을 맞았고 고씨(高氏)와 태씨(太氏)만이 살아남았습니다. (고구려와 백제의 귀족 가문들이 멸문지화를 당했다는 주장에는 약간의 이견이 있지만 내 전공 분야가 아니어서 그에 관한 연구는 다른 사람에게 맡기는 게 좋을 것 같습니다.) 이들 귀족 가문의 이름들이 중국이나 일본에서 꽤 많이 나타난다는 증거가 있는 걸 보면 그 이후 백제가 중국과 일본 모두와 동맹 관계를 맺고 있었음을 짐작할 수 있습니다.

요점은 한국이 가야에서 시작해 신라, 고려, 조선을 거치면서 오늘날까지 역사의 연속성을 이어왔다는 것입니다. 그런데 남한에서는 백제와 고구려 역사가 다소 소홀히 취급된 듯합니다만 북한의 학자들은 백제, 고구려와 더불어 부여와 발해의 역사도 함께 다루기를 좋아하더군요. 남한의 학자들 중에도 그동안 소외되어온 왕조(부여와 발해)의 역사에 많은 관심을 기울이는 사람들이 있습니다.

고려가 망했을 때 왕씨 일족이 전멸당하지 않았다면, 오늘날 왕씨 인구가 적은 이유는 무엇일까요? 앞서도 말했지만 왕씨 가문은 왕족이었으면서도 그렇게 번창하지 않았습니다. 신라 시대의 왕족인 석씨(昔氏) 가문도 마찬가지입니다. 또 신라 육부촌(六部村)의 여섯 씨족도 각기 다른 운명을 맞았지요. 이들 중 이씨(李氏), 최씨(崔氏), 정씨(鄭氏), 배씨(裵氏), 손씨(孫氏)는 현재까지 많은 수의 자손들이 있지만 이들보다 먼저 시작된 설씨(薛氏)는 왕족인 석씨 가문처럼 오늘날 그 수가 많지 않습니다. 석씨는 조선 시대 과거 시험 합격자 명단에서는 찾아볼 수 없고 고려 시대 명단에도 단 한 명만이 발견될 뿐입니다. 오늘날 한국에는 약 1만 1,000명의 석씨가 살고 있으니 그들의 시대가 빠르게 소멸되었다는 것을 알 수 있지요.

설씨 가문은 신라 시대에 막강하게 시작된 가문입니다. 한국 역사에서 가장 유명한 스님인 원효대사, 그리고 그의 아들이자 한국 최초의 유교학자인 설총 등이 있었지만 번성하지는 못했습니다. 그들은 고려 시대에 잠시 번성했지만 조선 시대 과거 시험 합격자 명단에는 2명만이 문과에 급제했고, 7명이 사마시에 합격했으며, 11명이 무과에 급제한 것으로 되어 있습니다. 설씨도 왕씨처럼 조선 시대에는 그리 번성하지 못한 것이지요. 하지만 오늘날 한국에서 설씨 인구는 4만 2,000명으로

2만 5,000명인 왕씨보다 더 많습니다.

이 같은 사실로부터 우리는 무엇을 배울 수 있을까요? 모든 왕족 후손들이 다 번성하지는 않았다는 것입니다. 김·이·박 성씨 중에는 많은 수의 사람들이 과거 시험에 합격해 관직에 등용되었고 자손 수도 크게 번성했습니다. 그러나 왕씨, 설씨, 석씨 같이 번성할 것으로 예상되었던 가문들은 실제로 번성하지 못했습니다. 왜 그랬을까요? 지금으로서는 말하기 어려울지 모르지만 일부의 주장처럼 만일 왕씨 일족이 멸문지화를 당했다면 현재의 후손 숫자로 볼 때 왕씨가 설씨나 석씨보다 더 잘해냈다고 말할 수 있을까요? 아니면 당시의 멸문지화가 제대로 성공하지 못한 것일 수도 있겠군요!

그렇다면 왕씨 일족이 전멸했다는 이야기는 왜 나온 것일까요? 그것이 바로 일본 시대 역사학에 맞추어진 이야기라는 것입니다. 일본이 한국 역사를 폄훼하려는 조치로 채택한 유럽 중심적 관점에 맞춘 것이지요. 이에 따르면 역사는 각 단계를 이루며 발전해왔으며 그런 단계를 거치면서 왕조가 변해왔다는 것입니다. 이들은 왕조의 변화를 인류발달의 진보를 보여주는 혁명이라고 강조합니다. 왕조가 바뀐다는 것 자체가 혁명이라는 것이지요. 일본 역사학자들은 이런 잣대를 적용해 한국을 격하시켰고 '혁명이 잦았던 일본이 혁명이 적었던 한국보다 우월하다는 역사관'을 채택했습니다. 그러면서 한국은 왕조의 수가 적었기 때문에 거의 진보하지 않았다고 주장하는 것입니다! 그러나 한국 역사학자들은 한국에서 왕조의 수는 적었지만 왕조가 바뀔 때마다 '혁명'과 사회 진보가 이루어졌음을 강조하면서 각 왕조의 변화를 최대한 부각시키려고 노력했습니다.

일본인들은 자신들의 역사가 역동적이라고 자의적으로 해석했습니다. 수많은 혁명, 그에 따른 사회적 격변, 또 그에 따른 수많은 사람들의 희생조차도 말이지요. 일본 역사학자들이 이런 생각을 하고 있었기 때문에 정부가 바뀔 때마다 수반된 유혈사태와 학살을 사회적 혁명으로 포장할 수 있었습니다. 그래야 그 이론에 모두 들어맞으니까요. 결국 사회적 격변의 공포는 일본 역사에서 명예의 상징이 되었습니다. 그래서 일본의 역사는 진보해왔지만 후진국인 한국은 이런 종류의 역동적 발전이 없었다는 것이지요!

물론 역사에 대한 일본인의 이런 관점은 문제가 있지요. 그 모든 사실을 다르게 보는 관점도 있으니까요. 일본의 그런 역사관은 한국에는 명백히 맞지 않습니다.

한국의 왕조 변화는 평화로웠습니다. 사회적 혁명이 아니었지요. 수천 명의 살육도 없었고, 지배계급의 전멸도 없었습니다. 그것이 바로 한국 역사의 특수성이지요. 하지만 일본 역사학자들은 그것을 이해하려 하지 않았습니다. 그것을 알려고 하지도 않았지요. 한국의 그런 고유한 특성을 인정하게 되면 소위 '후진 민족'인 한국에 대한 일본의 우월성을 주장하는 자신들의 전반적인 이념 체계와 기반이 파괴될 것을 우려했기 때문입니다. 사실 한국은 후진적이지도 않았고 오히려 역사의 진화에서 일본에 앞서는 나라였으니까요.

한국은 성씨의 수가 적다?

그러므로 한국이 평화로운 역사를 가졌던 탓에 성씨가 그렇게 많지 않다는 사실로 비추어볼 때 한국을 다른 나라들과 어떻게 비교할 수 있을까요? 과연 한국의 상황이 얼마나 특이한 것일까요?

한국을 다른 나라들과 비교해볼까요? 먼저 일본과 비교해봅시다. 한국은 전통적으로 성씨가 250개밖에 되지 않습니다. 오늘날에는 이민자들이 자신의 이름을 가져와서 조금 더 많아졌을지 모르겠지만요. 하지만 일본만 해도 30만 개 이상의 성씨가 있습니다. 한국과 일본의 성씨의 개념이 얼마나 다른지를 보여주는 것이지요.

한국 사람은 21%가 김씨, 15%가 이씨, 9%가 박씨입니다. 이 세 개의 성씨가 인구의 45%를 차지하지요. 여기에 최씨 5%와 정씨 5%를 더하면 이 다섯 개의 성씨가 인구의 절반 이상을 차지하고 있습니다.

일본에서 가장 흔한 성은 사토(佐藤)지만 그 비중은 1.57%에 불과합니다. 그 뒤로 스즈키(鈴木)가 1.5%로 2위를 차지하고 있고, 그다음으로 다카하시(高橋), 다나카(田中), 와타나베(渡辺), 이토(伊藤) 등이 각각 인구의 약 1%를 차지하고 있습니다. 한국과는 사뭇 다르지요. 내가 전에 만났던 일본 여성의 성인 후지와라는 어디 있을까요? 그녀가 했던 말을 기억해보세요. "헤이안 시대 이후 가문 대부분이 죽임을 당했습니다."

미국에서 가장 흔한 성은 아시다시피 스미스(Smith)입니다. 사람들은 대개 이렇게 말하지요. "맞아요, 미국에서 스미스라는 성이 한국의 김씨인 셈이지요." 하지만 천만에 말씀입니다. 스미스가 가장 흔한 성이긴 하지만 그 수는 인구의 0.8%밖에 되지 않습니다. 인구의 21%를 차지하는 한국의 김씨와는 비교도 안 되지요. 미국에서 가장 흔한 세 개의 성 스미스, 존슨(Johnson), 윌리엄스(Williams)를 모두 합쳐도 2%가 되지 않습니다. 한국의 성씨 분포가 특이하다는 걸 이제 아시겠지요?

스페인에서는 가르시아(Garcia)가 3.5%를 차지합니다. 인도는 싱(Singh)이 2.7%, 독일은 뮬러(Muller)가 0.8%, 프랑스에서는 마틴(Martin)이 0.5%, 이란에서는 모함마디(Mohammadi)가 1%, 사우디아라비아에서는 칸(Kahn)이 1.5%, 이탈리아에서는 로시(Rossi)가 0.6%를 차지하지요. 이처럼 대부분의 국가에서 단일 성씨가 한국처럼 그렇게 많은 집단을 형성하는 경우는 거의 찾아볼 수 없습니다.

단 중국, 웨일스, 베트남은 좀 다릅니다. 중국에서는 왕씨가 7%, 리씨와 장씨가 각각 약 7%를 차지합니다. 이 상위 세 개 성씨를 다 합치면 약 21%로 한국의 김씨와 겨우 맞먹는 수준이지요. 웨일스에서는 존스(Jones)의 비율이 6%에 육박하고, 데이비스(Davis)와 윌리엄스(Williams)가 각각 3.5%를 차지하고 있습니다.

하지만 진정한 예외는 바로 베트남입니다. 인구의 38% 이상이 응우엔(Nguyen)이라는 성을 갖고 있지요. 그러나 베트남의 경우 이런 현상은 '역사적으로 자연스럽게 발생'한 것이 아닙니다. 베트남의 마지막 왕조인 응우엔 왕조는 실제로 응우엔이라는 성씨를 가진 사람들에 의해 세워졌지만 그들은 지지자들에게 이 성을 '하사했고' 하사받은 사람들은 보복을 피하고자 응우엔이라는 성을 그대로 사용했습니다. 나중에 프랑스가 베트남을 식민 통치하면서 아직 성을 얻지 못한 사람들에게 응우엔이라는 성을 지어줬다는 보고도 있지요. 그러니까 오늘날 베트남에는 응우엔이라는 성이 다수를 차지해 한국과 비슷해 보이지만 실제로 그 성은 크게 부풀려진 측면이 있습니다.

결론은?

그렇다면 한국에서 김·이·박 성씨가 그렇게 많은 이유는 무엇일까요? 그것은 한국의 역사가 평화롭고 안정적이었다는 또 다른 증거입니다. 한국에서 매일 같이 볼 수 있는 증거지요. 성씨의 수가 그렇게 적은 것도, 그리고 특정 성씨에 그렇게 많은 인구가 편중되어 있다는 것도 정상적인 현상이 아닙니다. 흔히 볼 수 있는 현상이 전혀 아니지요. 하지만 한국에서 그것은 이미 관례가 되었고, 한국의 평화로운 전통을 압도적으로 보여주고 있는 생생한 증거라고 할 수 있습니다.

몇 개의 특정 성씨에 그렇게 많은 인구가 편중된 이유는 한국의 노비제 전통 때문이라는 추론도 있습니다. 하지만 노비제도를 다루는 장에서 설명하겠지만 특정 성씨에 대한 이 같은 인구 편중은 과거 시험 합격자 명단에서 알 수 있듯이 조선 왕조 시대에 나타났습니다. 수 세기 동안의 실록, 문집의 색인, 역사 전기 등을 살펴보면 여기에서도 김·이·박 성씨가 가장 많이 등장하고 있고, 그 뒤를 이어 윤씨, 조씨, 안씨 등의 성이 나타나고 있습니다. 따라서 한국에서 김·이·박의 수가 많은 이유가 20세기 들어 노비 계층의 인구가 급격히 늘어났기 때문이라고 보기는 어렵지요.

김·이·박 성씨가 다수를 차지하고 있는 전통은 한국 역사 초기로 거슬러 올라가 1500년 동안 귀족 계급들이 사실상 큰 흔들림 없이 안정적으로 유지되어왔기 때문이라고 보는 게 맞을 것입니다. 물론 한국에서 노비제가 이어져 온 1500년 동안 노비 해방운동 같은 혼란이 그렇게 많지 않았던 것도 사실입니다. 우물 밖의 개구리의 관점에서 볼 때 결론적으로 한국은 20세기 들어 격변의 혼란을 겪기는 했지만 그 이전에는 오랫동안 평화롭게 안정된 역사가 있었다는 사실입니다.

Words of The Frog Outside the Well

우물 밖의 개구리의 한마디

•

Why are there so many people named Kim, Yi, and Bak

in Korea? It's a measure of Korea's stable and peaceful

history.

한국에는 왜 김·이·박 성씨가 그렇게 많을까? 그것은 한국의
역사가 안정되고 평화로웠음을 보여주는 증거다.

천 년의 국경,
압록강

Q   교수님께서 압록강은 지구상의 모든 나라 중에서 가장 오랜 기간 지속된 국경이라고 말씀하셨습니다. 그것도 우물 밖의 개구리의 관점 인가요? 우리 한국인들은 그렇게 생각하지 않거든요. 사실 우리는 고구려 가 만주라고 부르는 압록강 이북의 영토를 차지하고 있었던 시대를 떠올 리고 싶어 하지요. 교수님 말씀대로 대략 1000년 동안 지속된 국경으로서 압록강이 갖는 중요한 의미는 무엇입니까?

A   우선 내게 이런 생각을 일깨워준 데이비드 강 서던캘리포 니아대학교(USC) 정치학과 교수님께 공을 돌리고자 합니다. 그는 정 치학자로서 서로 다른 여러 정치 시스템들을 연구하셨지요. 진정으로

김정호의 대동여지도

우물 밖의 개구리라고 할 수 있는 분입니다. 대부분의 한국 역사학자들도 그렇지만 역사학자들은 때로는 비교 관점 없이 오직 한 국가에 대해서만 전문가인 경우가 많습니다. 그야말로 우물 안 개구리인 셈이지요.

강 교수님은 압록강 국경이 약 1000년 동안 한국과 여진족, 거란족, 그리고 중국과의 국경이었다는 점이 한국 정치 안정을 이해하는 중요한 열쇠 중 하나라고 지적했습니다. 첫 번째 포인트는 국경이 오랫동안 변하지 않고 유지·존속되었다는 것이고, 두 번째 포인트는 압록강이 세계 역사상 가장 오랫동안 변치 않는 국경으로서 존속된 덕분에 한국이 믿을 수 없을 정도로 안정적인 역사를 지닌 나라가 될 수 있었다는 것입니다.

우리는 유럽의 국경에서 이와는 대조적인 상황을 볼 수 있지요. 유럽의 국경은 모든 세기에서 거의 10년마다 바뀌었습니다. 국경을 맞대고 있는 두 나라 중 어느 한쪽의 힘이 세지느냐 약해지느냐에 따라 국경이 요동쳤지요. 스페인과 포르투갈 사이에는 약 800년 된 국경이 있습니다. 스페인이 한때 포르투갈을 지배했었기 때문에 이 국경은 800년 동안 변하지 않은 날이 없었습니다. 이 두 나라 사이의 국경이 해마다 어떻게 바뀌었는지를 보여주는 웹사이트나 유튜브 사이트까지 있을 정도입니다. 유럽의 다른 국경들도 사정은 마찬가지입니다. 거의 매년 조금씩 바뀌었고 10년 또는 20년마다 큰 변화가 있었습니다. 그러나 한국의 북쪽 국경은 그렇지 않았지요. 이것은 압록강이 정치 체제로서의 한국의 안정에 지대한 역할을 해왔음을 말해줍니다.

압록강은 천 년 국경으로서 내가 이 책에서 주장하는, 한국이 평화롭고 안정적인 역사를 지닌 나라임을 보여주는 지리학적 증거입니다. 역사의 법정에서 우리가 호소할 수 있는 확고부동한 지리학적 증거입니다.

선사시대 때부터 광활한 만주 땅에 한국인의 조상뻘쯤 되는 원시인이 살았다는 꿈같은 얘기를 하는 사람들이 있습니다. 하지만 나는 그런 추측에 동참하기는 어렵습니다. 나는 고고학자들을 존경하지만 나 자신이 고고학자가 될 수는 없습니다. 나는 역사학자로서 내가 연구할 근거가 되는 실제 문서들과 내 이론과 주장을 정립할 수 있는 증거들이 필요할 뿐, 그런 작업은 고고학자의 몫입니다.

우리는 유사 시대에 고구려가 압록강 북쪽에 영토를 가지고 있었다는 사실을 잘 알고 있습니다. 그런 고구려를 한반도 안으로 밀어 넣어 오늘날 평양의 자리에 수도를 건설하게 한 것은 이웃 국가들과의 전쟁 때문이었을 것으로 추측합니다. 그러나 신라가 삼국을 통일했을 때 신라는 한반도의 3분의 2만을 영토로 차지했습니다. 그리고 발해가 건국되면서 한반도 북쪽 3분의 1과 만주 대부분을 차지했지요. 고려가 처음 건국되었을 때 국경은 압록강 하류까지 이동했으나 고려 후기에 와서는 압록강 상류 지역까지 고려의 지배하에 놓이게 됩니다. 그때가 바로 지금으로부터 약 1000년 전, 아마도 조금 더 이전이었을 것입니다.

조선이 건국되면서 국경은 더욱 확고하게 자리를 잡았습니다. 동쪽 영토는 북쪽으로 두만강까지 올라갔고 두만강은 세계에서 가장 오래 지속된 국경 중 하나가 되었지요. 아마도 세계에서 두 번째 오래된 중국과 베트남의 국경을 이루는 홍강(紅江, 베트남어로 홍강, 중국어로는 위안강이라고 부름 – 옮긴이)에 이어 세 번째로 오래된 국경일 것입니다.

베트남의 홍강, 한국의 압록강이 중국과 오랜 기간 국경을 이뤄왔다는 사실은 이 두 나라가 중국과 상대적으로 안정적인 관계를 맺고 있었음을 보여주는 것이라고 할 수 있습니다. 상대적이란 말은 중요한 의미를 갖는 단어입니다. 중국의 남쪽과 서쪽 국경선이 역동적으로 움직여왔다는 사실이 이를 잘 대변해줍니다. 그러나 사실 한국 입장에서는 압록강 국경이 안정적으로 보이지만 압록강 북쪽은 사정이 달랐습니다. 그 지역은 중국의 세력이 미치기 전에 여진족과 거란족이 차지하고 있었지요. 이 점에서 우리는 한국의 역사가 중국 역사보다 훨씬 더 안정적이었다는 것을 알 수 있습니다. 중국인들은 압록강 북쪽 영토(만주 지역)를 요나라(거란족)와 금나라(여진족)에게 빼앗겼고 이후에도 원나라(몽골 제국)와 청나라(만주족)에게 지배권을 빼앗겼으니까요.

때때로 한국의 정세가 불안정했거나 중국과 북방 부족들의 정세가 불안정했음에도 압록강은 여전히 불변의 국경이라는 위대한 상징이 되어왔습니다. 압록강은 스스로 말하고 있습니다. 한국이야말로 중국이나 전쟁을 일삼는 북방 부족들보다 더 안정적인 역사가 있다고 말이지요.

한국의 일반적인 교육 과정이나 세계의 많은 역사책들은 전쟁을 강조하는 경향이 있습니다. 사실 평화는 지루한 것이어서 아쉽지만 역사책에 쓸 거리가 별로 없겠지요. 그래서인지 한국에서는 여진족과 거란족과의 전쟁 이야기가 자주 거론되고 있습니다. 그러나 여러 가지 이유로 볼 때 그들과의 전쟁은 그다지 중요하지 않습니다. 확실히 여진족의 금나라와 거란족의 요나라가 강대해지면서 중국의 북반부를 지배한 건 맞지만 그들은 한국의 어느 지역도 지배한 적은 없었지요. 그들과의 모든 전투를 단지 국경 분쟁이라고 부르는 것이 전쟁의 의미를 축소 해석하는 것일 수도 있으나, 나는 대부분의 역사가 전쟁을 강조하는 전쟁 역사관(history-of-war)적 접근 방식을 보이는 경향이 있다고 생각합니다. 따라서 균형적인 관점을 유지하기 위해 그런 분쟁들의 중요성을 의도적으로 다소 경시하고자 합니다.

결론적으로 말하자면 여진족과 거란족과의 전투로 인해 한국이 압록강 이남의 영토를 장기간 빼앗긴 적은 없었다는 것입니다.

한국의 상황과 극적인 대조를 이루는 유럽의 경우를 다시 보자면 유럽에서 국경이 끊임없이 변화했다는 사실은 침략과 그에 맞대응하는 침략 성격의 방어전이 끊임없이 반복되어왔음을 의미합니다. 오늘날 한국의 역사를 보는 일반적 관점은 한국이 끊임없는 전쟁과 침략을 겪었다고 말하지만 지리학적 진실은 그 반대인 평화와 안정을 말하고 있습니다. 사실 압록강이라는 국경이 오랜 세월 변하지 않고 지속되었다는 것 자체가 신라가 한반도를 통일한 이후 한국이 외국을 침략했거나 외국이 한국을 침략한 적이 거의 없었다는 사실을 보여주는 증거지요. 그리고 그것이 바로 내가 이 책에서 강조하는 바이기도 합니다. 압록강은 천 년의 국경으로서 한반도의 지리적 상황에 대해 많은 것을 말해주고 있다는 것이지요.

그러나 한국 역사를 보는 대부분의 관점이 평화롭고 안정된 역사의 표식으로서 압록강의 역할을 강조하지 않고 있습니다. 그래서 나는 이 문제가 정말로 중요한 관점의 문제이며 '우물 밖의 개구리'의 관점으로 보아야 한다는 점을 다시 한번 강조하고자 합니다.

Words of The Frog Outside the Well

우물 밖의 개구리의 한마디

•

The longest-held border, national boundary, in the world

is that marked by the Yalu River — a demonstrable

evidence of Korea's marvelous stable history.

세계에서 가장 오랜 기간 지속된 국경이 바로 압록강 국경이

다. 이는 한국의 역사가 놀라우리만큼 안정적이었음을 보여

주는 증거다..

4장

평화와 안정의 상징, 온돌 문화

Q   교수님! 저는 한국인의 온돌과 좌식 문화도 우리 한국인들이 평화로운 역사를 가진 역사적 사실을 반영하는 증거라고 생각합니다. 중국만 하더라도 그들은 조선과 같은 동양이지만 침대와 식탁 생활을 하지요. 한국과 중국의 이러한 문화적 차이는 자연환경 등과도 무관하지 않을 것입니다. 다만 저는 이런 차이가 이민족(異民族)의 침략이 많았던 중국의 역사를 반영하는 하나의 증표라고 생각합니다. 중국은 북방 세력들의 침략이 많았기 때문에 '만리장성(萬里長城)'을 쌓았다는 것은 모두 다 아는 사실이지요. 한국이 역사적으로 외세의 침략을 그렇게 많이 받았다면 과연 온돌에 편안하게 눕거나 집 안에서 신발을 벗고 생활하는 문화가 가능했을까요? 과연 방바닥에 앉아서 태평하게 식사를 할 수 있었을까요? 물론 학계

의 연구에 의하면, 온돌 문화가 조선 시대부터 본격적으로 한국에 보급되기 시작하였고, 특히 16세기 이후부터라고 합니다. 다만, 그렇다고 하더라도 외세의 침략이 많았다면 과연 온돌 문화가 정착할 수 있었을까 하는 의문이 들었습니다. 그래서 저는, 한국인의 온돌 문화도 외세의 침략이 적었음을 보여주는 하나의 증거가 될 수 있다고 생각합니다. 교수님은 제 의견에 대해 어떻게 생각하십니까?

A 신 박사님, 정말 좋은 생각이군요. 나는 사실 온돌 문화가 시간 흐름에 따른 한국 문화의 상징이라고 생각해본 적이 없습니다. 하지만 박사님의 의견은 아주 좋은 생각입니다. 나 역시 한국이 다른 나라를 침략한 적이 없다는 사실을 누차 강조해왔으니까요! 신 박사님 말씀대로 그리고 저도 여러 곳에서 그렇게 주장해왔지만 분명한 사실은 한국은 정말로 그렇게 많은 침략을 받지 않았을 뿐만 아니라 다른 나라를 침략한 적도 없다는 것입니다. 그것이 바로 내가 한국 역사를 보는 관점이며 내가 꾸준히 주장해온 바입니다.

한국이 다른 나라를 침략한 적이 없다는 생각을 불편하게 여기는 사람도 있더군요. 거기에 대해 일반적으로 두 가지 반응이 있습니다. 하나는 그런 생각에 동의하면서도 그것은 한국이 힘이 없었기 때문이므로 부끄러워할 일이라고 생각하는 쪽이고, 다른 하나는 고구려도 중국을 침략했고 세종대왕도 쓰시마 섬을 정벌한 적이 있다며 그런 생각에 이

의를 제기하는 쪽입니다.

　나는 몇 년 전 한국 외교부의 한 국장과 저녁 식사를 하면서 위 두 가지 반응 중 첫 번째 반응, 즉 한국이 다른 나라를 침략한 적이 없다는 사실을 부끄러워하는 사람이 있다는 것을 처음 알았습니다. 내가 한국이 다른 나라를 침략하지 않았다는 사실이 한국 문화의 정말 좋은 점이라고 생각한다고 말했더니 그 국장은 당황한 듯 고개를 숙이고 어깨를 움츠리며 "그래요, 우리가 너무 힘이 없어서 다른 나라를 침략하지 못했지요"라고 말하는 것이었습니다.

　그렇습니다. 어떤 사람들은 한국이 다른 나라를 침략한 적이 없다는 사실을 한국 문화 내부에 힘이 없었기 때문이며 일본에 점령당한 것도 그 때문이라고 추론하더군요. 반면 한국이 다른 나라를 침략한 예를 찾으려고 노력하는 사람들도 있었습니다. 예를 들어 고구려군도 중국을 침략했고, 한국의 수군이 몽골의 일본 침공을 도왔으며(비록 그 침공이 실패해서 나쁜 예가 되었지만), 세종대왕도 일본 해적 활동을 소탕하기 위해 쓰시마 정벌을 단행했고, 심지어 베트남 전쟁에서의 미국을 지원한 것까지 언급하기도 합니다. 하지만 이런 것들이 한국이 다른 나라를 침략했다고 볼 수 있는 적절한 사례는 아니지요.

고구려의 경우는 한국이 통일되기 전, 그러니까 중앙집권적 국가로 이행되기 전 일이었지요. 사실 한국이 전쟁과 평화에 대해 어떤 관점을 가지고 있었느냐의 구분은 중앙집권 정치체제를 갖춘 국가로서 통일된 시점에서부터 시작되어야 할 것입니다. 또 몽골군의 일본 정벌을 도운 것은 결코 한국의 생각이 아니었습니다. 오히려 이 정벌 계획이 실패로 끝나자 일본인들은 '신'(神)이 자기 편이라고 생각했지요. (그들은 바다 폭풍이 그들을 도왔다며 그 신을 '카미카제神風'라고 불렀습니다) 세종 때의 대마도 정벌도 쓰시마를 정복하기 위한 것이 아니라 평화를 유지하고 좋은 무역 관계를 수립하기 위한 것이었습니다. 마지막으로 한국의 베트남전 참전 역시 한국의 자발적인 생각이었다기보다는 참전이 한국전쟁에서 도움을 준 미국에 빚을 갚는 것이라고 생각했기 때문입니다. 이 사례 중 어느 것에서도 한국이 새로운 영토를 정복하기 위해 침략하려는 의도가 있었다고 보기는 어렵습니다.

나는 이 책뿐 아니라 다른 곳에서도 한국이 다른 나라를 침략하지 않은 이유로 다음 몇 가지를 강력하게 주장하곤 합니다. 우선 신라 통일 이후 한국 정부는 평화롭고 안정적인 문민정부를 유지해왔으며, 봉건주의에서 과감히 탈피했고, 과거 시험을 통해 중앙집권적 관료국가를 지지하는 무인들을 등용했습니다. 그러니까 과거 시험에서 최고의 문장을 쓸 수 있는 사람이 관리에 등용된 것이지요. 출제되는 문제는 무엇이었나요? 문제는 매번 유교의 가르침에 관한 단 한 문제가 출제되었습니다.

중국에서 유교 사상은 군국주의와 대립하며 성장했지요. 유교는 군국주의와는 정반대의 주장을 펼쳤습니다. 공자와 맹자는 군국주의는 국가 통치에 부적합한 방식이라고 주장하며 다양한 방식으로 문치의 방향에 대해 설파해왔습니다. 물론 유학자들의 말이 옳았지만 중국인들은 그 뜻을 제대로 따르지 못했지요. 공자 시대 이후 진나라와 진시황제는 17년 동안 악랄하게 무력 통치를 펼치다 실패했고 이어서 수나라가 등장해 30년 동안 통치했지만 군사력만으로는 왕조를 유지할 수 없었습니다. 중국의 문민 왕조는 이런 무력이 실패한 뒤에야 등장했습니다. 한나라와 당나라는 중국 역사상 위대한 문민 왕조였지요. 하지만 중국은 외세로부터 중국을 지켜내는 방법을 끝내 알아내지 못한 것 같습니다. 거란족의 요왕조, 여진족의 금왕조, 몽골족의 원왕조, 그리고 만주족의 청왕조가 차례로 중국을 통치했으니까요.

여기서 나는 한국이 안정적이고 평화로운 문민정부의 역사가 있었으나 싸워야 할 때는 기꺼이 싸웠다고 주장하지 않을 수 없습니다. 몽골족은 중국 전역을 점령하고 황제의 자리까지 차지했지만 한국에서는 무려 한 세대 동안 지속된 전투 끝에 결국 정복을 포기하고 고려 왕이 그대로 왕위를 유지하는 타협안에 만족해야 했지요. 한국인(고려인)의 투지는 몽골의 완전한 정복을 절대 허락하지 않았습니다.

나는 한국이 안정적이고 평화적인 문치의 역사를 유지해온 핵심적인 이유가 몇 가지 있지만 그중 가장 중요한 것은 무인이 아닌 선비에 의한 정부였다는 점을 누차 강조해왔습니다. 모든 관리들은 과거 시험을 통해 등용되었으니까요. 정말이지 한국의 역사는 '펜은 칼보다 강하다'는 진리를 그대로 보여주는 사례입니다. 과거 시험은 유교적·철학적 문제에 관한 것이었지요. 비록 그 제도가 중국에서 들어온 것이지만 한국은 중국보다 그 제도를 훨씬 더 완벽하게 발전시켰습니다. 그리고 거듭 강조하지만 한국은 중국처럼 그렇게 많은 침략을 받지 않았습니다. 한국이 겪은 침략과 중국이 겪은 침략은 비교가 안 될 정도로 그 횟수가 적다는 것을 알 수 있을 것입니다! 오히려 중국이야말로 한국보다 훨씬 더 큰 침략의 희생자라고 할 수 있지요.

한국은 중국이 그저 꿈만 꾸어왔던 안정적이고 중앙집권적인 국가를 발전시켰습니다. 유교 사상은 평화롭고 통일된 국가를 주장했지만 중국은 빈번한 외세의 침략으로 그 이상을 거의 성취하지 못했지요. 하지만 흥미로운 것은 오히려 외세의 침략자들이 중국에서 정권을 잡은 후에 공자의 가르침을 따르는 중앙집권 국가의 통치 원칙을 채택했다는 것입니다. 결국 유교 이념을 따르는 국가 건설은 중국에서는 이상이었지만 한국에서는 현실이 된 셈이지요. 한국은 외세가 직접 통치한 적이 한 번도 없었으니까요. 단 한 번 유일하게 몽고가 간섭한 적은 있지만 그것도 직접 통치한 것은 아니었고 고려 왕을 국가의 왕으로 인정했지요. 그때 외에는 한국은 세계 역사상 가장 긴 왕조들이 독자적으로 나라를 통치해왔습니다.

오랜 기간 지속된 한국의 왕조들은 중앙집권 체제 안에서 문치를 실현했지요. 우리는 종종 군주제가 부패했다는 비판을 듣습니다. 확실히 현대 민주주의와 비교하면 한 명의 왕이 통치하는 군주제가 부패에 취약한 것은 맞습니다. 그러나 한국의 군주제에서는 어느 정도 부패 방지 방편들이 세워져 있었지요. 예를 들어 검열기관이라 할 수 있는 삼사(三司/사헌부, 사간원, 홍문관 - 옮긴이)는 왕권에 대한 견제 역할을 했습니다. 또 중앙집권화된 국가가 지방 관직의 임명을 규제한다는 것, 그러니까 관리가 자신의 고향에는 임명될 수 없다는 규정이 있다는 것도 내게는 흥미로운 일이었습니다. 이런 규정은 지역의 부패를 막는 훌륭한 방법이었지만 봉건적 권력 기반이 싹트는 것을 막기 위한 중앙집권적 국가의 힘을 재확인하는 제도이기도 하지요. 일본은 그런 제도를 생각해내

지도 못했고, 중국은 늘 지방 정부를 호시탐탐 노리는 외세를 상대해야 했지요. 그에 비하면 한국은 유교 사상을 기반으로 평화로운 문민정치를 펼칠 수 있는 최고의 상황에 있었습니다.

'온돌 문화'가 '평화롭고 안정적인 문치의 한국'을 나타내주는 표시라는 신 박사님의 표현이 정말 마음에 듭니다. 아마 우리는 같은 의견인 것 같습니다. 그러니까 대부분의 사람이 여전히 한국의 역사를 전쟁, 침략, 혼돈의 애처로운 역사라고 보는 것과는 다른 관점이지요. 신 박사님의 온돌 문화라는 개념이 정말 좋습니다. 그동안 내가 주장해온 모든 것, 그러니까 오래 지속된 왕조, 왕조 간의 평화적인 권력 이양, 많은 침략을 받지도 않았고 다른 나라를 침략하지도 않았다는 사실, 안정된 국경, 무덤을 도굴하지 않은 문명인이라는 점. 그뿐만 아니라 선비 문화, 문민 문화, 안정된 귀족(동시에 안정적인 노비제도를 의미하지만), 그리고 옛 왕족과 귀족의 성씨가 유지·보존된 문화 등이 모두 온돌 문화에 함축되어 있는 것 같습니다. 나의 모든 강의를 한 문장으로 요약한다면 이제 '온돌 문화'라고 이름을 붙여도 좋을 것 같군요!

온돌 문화라는 생각은 매우 품위 있습니다. '품위 있다'(genteel)는 말은 참 멋진 단어입니다. 교양 있고, 세련되고, 고상하다는 뜻을 모두 담고 있으니까요. 온돌 문화는 신발을 벗고 생활하는 문화입니다. 단지 신발을 벗는 데 그치지 않고 바닥에서 앉아서 먹고 자는 생활 문화이지요. 그런 문화가 생활 방식이 원시적이기 때문이라거나, 가구가 없어서라거나, 가난하기 때문이라고 생각하는 사람도 있겠지만, 전체적인 맥락에서 품위 있는 문화의 상징으로서 온돌 문화는 정말 멋진 이미지입니다.

신발을 벗는 세련된 습관을 생각하면 몇 년 전 한국에 살았을 때 있었던 한 사건이 떠오릅니다. 박정희 대통령 시대에 고 김대중 대통령(DJ)이 체포된 사건이었지요. 내 친구였던 한 여성이 그 사건을 내게 알리며 DJ에 대한 우려를 이렇게 표현했습니다. 경찰이 DJ의 서교동 자택에 들이닥쳤을 때 신발을 벗지 않았다는 것이지요. "그들이 신발을 신고 집 안으로 들어왔어요. 신발도 벗지 않고 온돌 바닥 위를 올라갔다니까요!"라고 외치는 그녀의 공포에 찬 목소리가 아직도 내 머릿속에 남아 있습니다. 마치 신발을 신은 채 온돌 바닥으로 들어온 것이 불법 체포보다 더 나쁜 행위처럼 들렸으니까요. 세상에 어찌 그런 야만적인 행동을, 어떻게 예절을 무시한 무자비한 행동을 할 수 있단 말인가? 그것은 그 사람과 재산을 전적으로 무시하는 행동으로 간주되었지요. 그것이 그녀가 그 사건으로부터 받은 인상이었습니다.

그래서 나는 신 박사님이 옳다고 생각합니다. '온돌 문화'는 나름 큰 의미가 있고 상징성도 큽니다. 세련되고, 문화적이고, 평화롭고, 안정적이고, 품위 있는 사람들의 상징이라 할 수 있습니다.

Words of The Frog Outside the Well

우물 밖의 개구리의 한마디

•

Few things display the civil nature of a society than the life style mandated by living on an "ondol" floor.

'온돌' 바닥에 사는 생활 양식만큼 그 사회의 본질적 모습을 보여주는 것은 거의 없다.

5장

한국의 무덤들은
도굴되지 않았다

Q   교수님, 한국인들은 왕의 무덤을 도굴하지 않는다는 교수님의
동영상을 보았습니다. 저도 한국 역대 왕조의 왕릉들이 거의 도굴되지 않
았다는 것은 알고 있었습니다. 다만, 일제 강점기나 임진왜란 등의 전란 때
에 몇 곳의 왕릉이 도굴되거나 파헤쳐진 적이 있었습니다. 저는 한국 역대
왕조의 왕릉들이 다른 나라에 비해 도굴된 적이 별로 없다는 사실이 그리
새롭게 생각되지 않고 그저 당연하게만 여겨왔는데, 교수님은 한국의 왕의
무덤들이 도굴된 적이 없다고 지적하시면서 그것을 한국의 대단한 역사의
하나라고 하셨습니다. 저는 그 영상을 보고 놀랐습니다. 특히 교수님은 다
른 나라에서는 왕의 무덤이 도굴되는 경우가 많다고 말씀하신 것을 보고는
더 놀라웠습니다. 한국 역사에서 무덤의 도굴이 거의 없었다는 것은 한국

인들은 조상을 존중하는 마음도 품고 있는 것 같은데, 교수님께서는 어떻게 생각하시는지요?

A   도굴의 문제, 아니 한국의 무덤들이 도굴되지 않았다는 것이 내게는 매우 흥미롭게 다가왔습니다. 그리고 나는 우물 안 개구리처럼 다른 나라에서는 상습적인 무덤 도굴꾼들이 있다는 것을 뒤늦게 알게 되었습니다. 하지만 한국은 그렇지 않았지요.

나는 수년 동안 한국해외홍보원(Korean Overseas Information Service)과 한국학중앙연구원(Academy of Korean Studies)에서 외국이 자국의 교과서에 한국에 관한 내용을 실을 때 그 내용을 개선하도록 돕는 정부의 공식 지원사업에 참여했습니다. 미국에서는 코리아 소사이어티(Korea Society)라는 단체가 그 일을 주관하고 있었는데 그들이 내게 도움을 청하곤 했지요. 나는 1년에 한두 그룹, 때로는 세 그룹까지 한국에 대해 더 많은 정보를 더 '정확하게' 배울 수 있도록 지도했습니다. 그 그룹들은 미국 학자, 교사, 교과서 집필자, 편집자, 출판사 관계자들로 구성되어 있었습니다. 그 그룹들을 이끌고 한국에서 세미나를 개최하기도 하고 한국의 주요 장소들을 현지 답사하기도 했습니다. 특히 신라 왕조를 배우기 위해 경주에 자주 갔었지요.

나는 이들 그룹을 이끌고 신라 왕조 초기 무덤 현장인 '오릉'(五陵)을 방문했습니다. 오릉은 신라 시조왕인 박혁거세를 비롯한 첫 5대 왕과

경주 오릉

왕비를 모신 무덤으로 경주 남서쪽에 있지요. 우리는 대개 오릉의 나정 (蘿井)에 가장 먼저 들리는데, 이곳은 박혁거세 이야기에서 말이 알을 낳고 하늘로 날아 올라갔다는 우물터입니다. 그 알이 부화해서 '빛나는 왕자'라는 뜻인 박혁거세가 나왔다는 이야기이지요. 그는 태어난(부화한) 지 12년 후에 신라를 건국한 시조(1대 왕)가 되었습니다.

신라의 건국 설화를 이야기할 때는 약간의 설명이 필요합니다. 신라에는 두 개의 건국 신화가 있습니다. 하나는 박씨인 혁거세이고 다른 하나는 김씨인 알지이지요. 김알지도 알에서 태어났지만 그 알은 닭이 낳은 알이었습니다. 그러니까 박혁거세처럼 말이 낳은 알이 아니라 닭이

낳은 알, 즉 좀 더 평범한 종류의 알이었다고나 할까요? 나는 이런 신화
들이 아마도 말과 닭을 키우며 좀 더 앞선 기술 문명을 가진 부족들이
북쪽에서 내려와 이 지역을 정복한 이야기일 것이라고 해석합니다. 그
들이 와서 이 지역에 정착하고 있던 여섯 마을(앞서 언급한 육부촌)을 정
복하고 말과 닭을 키우는 기술을 전한 것이라고 말이지요. 나는 미국의
교과서 집필자들에게 닭 한 마리가 알을 낳는 것을 보고 매우 기뻐했을
초기 정착민들(소박한 사냥꾼이나 채집가들이었을 것입니다)을 상상해보라
고 말하곤 합니다. 이는 매일 사냥하러 나가지 않아도 바로 눈앞에서 단
백질과 영양분이 들어 있는 음식을 얻을 수 있게 되었다는 것을 의미하
는 사건이었으니까요. 그리고 그 새(닭)는 날아서 도망가지도 않습니
다. 심지어 그 새를 잡아먹을 수도 있습니다. 닭을 한 번도 먹어본 적이
없는 그들에게 닭은 얼마나 멋진 동물이었겠습니까? 말은 말할 것도 없
지요! 말을 한 번도 타 본 적이 없는 그들에게 말은 얼마나 멋진 동물이
었을까요? 이 위대한 신화들은 인류 문화에서 바로 이런 중대한 사건들
을 말해주고 있는 것입니다.

　박혁거세는 나정에서 그리 멀지 않은 곳에 묻혔지요. 그곳에는 그와
그의 아내, 그리고 아들, 손자 등 다섯 개의 무덤이 있습니다. 어느 해에
나는 한 그룹에게 이 무덤들에 대해 이야기를 하고 있었습니다. 그때 일
행 중에는 유타대학교의 고고학자 브래들리 파커(Bradley Parker)가 포
함되어 있었습니다. 그가 손을 들더니 이 무덤들은 언제 도굴되었느냐

고 묻더군요. 그의 질문에 나는 한동안 숨이 막혀 할 말을 잃었습니다! 나는 경주에서 연구하고 있는 고고학자들이 무덤을 한 번에 하나씩 매우 조심스럽게 발굴하면서 지금도 금관이나 다른 유물들이 출토된다고 알고 있었기 때문이었지요. 그러니까 신라의 무덤들은 도굴되지 않았던 것입니다! 그래서 그에게 신라의 무덤들은 도굴되지 않았다고 말해주었지요.

다행스럽게도 그 여행에는 신라 시대를 연구하는 유명한 학자인 이종욱 교수님도 동행하고 있었습니다. 그는 나중에 서강대학교 총장으로 선출될 만큼 동료들의 존경을 받는 분이었지요. 이종욱 교수님이 신라의 무덤은 도굴되지 않았다는 내 말을 확인해주셨습니다.

그러자 파커 교수가 더욱 완강하게 질문하는 것이었습니다. 그는 신라의 무덤이 도굴되었을 것이라고 확신한다고 말하더군요. 전문 도굴꾼들이 세계 여러 곳의 무덤을 파헤치고 다녔으니 신라의 무덤도 예외가 아닐 거라는 말이지요. 이 교수님과 나도 총력을 다해 답변했습니다. 지금까지 고고학자들이 6~7개의 무덤에 대한 발굴을 마쳤는데 발굴을 마친 모든 무덤에서 금관과 다른 유물들이 왕과 왕비와 함께 그대로 묻혀 있었다고 말이지요. 신라의 무덤들은 전혀 도굴되지 않았습니다.

하지만 파커 교수는 자신이 중동과 이집트를 연구한 고고학자라고 말하면서, 세계 모든 곳의 무덤은 하나같이 도굴되었으며 도굴되지 않은 무덤은 거의 없을 정도로 찾기 어렵다는 주장을 굽히지 않았습니다.

이집트의 유명한 피라미드는 왕조가 끝나기도 전에 도굴되었다는 것입니다! 피라미드에는 도굴꾼들을 죽이고 약탈을 막는 유명한 함정과 장치들이 설치되어 있었는데도 말입니다.

그러더니 이렇게 말하더군요! 한국은 절망에 빠진 사람들이나 도둑들이 무덤을 도굴할 정도의 혼란도 없었던 안정된 나라였음이 분명하다고요.

그의 말이 내 머리를 강타했습니다. 소위 한국사를 공부한다는 나는 그동안 얼마나 많이 경주의 무덤을 찾았던가? 아마 50번은 넘었을 것입니다. 그런데도 나는 신라의 무덤이 수십 세기가 지난 후까지 온전하게 보존되어온 것이 얼마나 특별한 일인지 미처 몰랐던 것입니다. 일본이 한국을 점령했을 때도 그들은 신라의 무덤을 도굴하지 않았습니다. (그들은 신라의 무덤을 도굴하지는 않았지만 내가 알기로 서울 근처에 있는 두 개의 조선 무덤을 도굴해 갔습니다.)

이런 명백한 사실을 깨닫지 못한 내가 받은 충격은 말 그대로 '등잔 밑이 어둡다'라는 것이었지요. 하지만 그보다 더 중요한 것은 나 역시도 우물 안 개구리였다는 사실을 깨달았다는 것입니다. 나는 한국의 무덤을 다른 나라의 무덤과 명확하게 비교하지 못했습니다. 나는 열쇠 구멍 모양으로 유명한 일본의 다이센고분(大仙古墳)은 도굴되지 않았지만 중국 무덤들은 도굴되었다는 사실을 잘 알고 있었습니다. 명나라 고분군을 방문한 적이 있었는데 그 거대한 무덤들은 도굴꾼들에 의해 완전히 훼손되어 있었습니다.

　나는 이 그룹을 인솔하면서 그들에게 사람들은 대개 한국이 전쟁으로 피폐해진 나라이고 희생의 역사를 가진 나라라고 생각하지만 실제로 한국은 오랫동안 평화롭고 안정된 역사가 있는 나라라고 말해왔지요. 그런데 파커 교수가 그 명백한 사실을 다시금 확인해주듯 내게 이렇게 말하는 것이었습니다. "피터슨 교수님, 한국의 무덤이 도굴되지 않았다는 사실이 교수님의 이론을 뒷받침하는군요. 한국 역사에서는 무덤을 도굴할 만큼 큰 혼란이 없었던 게 분명합니다!"

　그 말을 듣고 나는 두 가지 상반된 감정이 들었습니다. 한편으로는 동료 학자가 내가 그렇게 지키려고 노력했던 주장을 진심으로 지지해준다는 사실이 기뻤습니다. 그 증거도 매우 강력했고요. 그러나 다른 한편으로는 배를 한 대 얻어맞은 느낌이었습니다. 우물 안 개구리처럼 너무나 명백한 사실을 그동안 보지 못했다는 자책감이 들었지요. 나는 한국의 무덤을 세계의 다른 나라들과 비교하지 못했습니다. 내가 정말로 우물 밖의 개구리가 된 것은 한국에 관해 별 지식이 없는 방문객(파커 교수)이 외부 세계의 관점을 내게 가져다주었기 때문이었습니다.

　왜 미처 생각하지 못했을까? 무덤 도굴꾼에 관한 이야기는 아주 많습니다. 인기 할리우드 영화 〈인디아나 존스〉도 도굴꾼 이야기지요. 우리 가족이 다 같이 〈인디아나 존스〉 1편을 보러 갔을 때 내 처남이 조카에게 이렇게 말하더군요. "저 주인공, 마크 삼촌(필자) 같지 않니? 마크 삼촌도 외국에 나가서 유물들을 발견하는 학자니까 말이야." 그렇습니다. 나 자신도 스스로 인디아나 존스 같다는 상상을 하곤 합니다. 하지만, 아아, 이 눈먼 인디아나 존스는 바로 앞에 있는 것도 제대로 보지 못했습니다.

전래동화와 영화에는 무덤 도굴꾼 이야기가 가득합니다. 나는 대학에서 고고학 수업을 몇 번 들은 적이 있고 현장답사에도 참석했습니다. 그때 무덤 도굴꾼들이 있다는 것도 알았지요. 이곳 유타주 지역 뉴스에서도 고대 인디언 무덤터를 약탈한 혐의로 붙잡혀 체포된 사람이 있다는 뉴스가 간간이 보도됩니다. 때로는 무덤에서 훔친 도자기가 시장에 나타나기도 한답니다. 나는 그런 무덤 도굴 사건이 꽤 일어난다는 것을 잘 알고 있었어요. 하지만 한국에서는 그런 일이 거의 일어나지 않았다는 사실을 새삼 깨닫게 되었습니다. 물론 한국에서도 무덤에서 출토된 물건들이 시장에 나오는 경우가 있긴 하지만 그 물건들은 왕의 무덤에서 나온 것이 아니라 일반 사람들의 무덤에서 나온 물건들이지요. 아마 시장에 나온 물건들 중에는 고속도로를 건설하다가 파헤쳐진 무덤에서 나온 물건들이 도굴꾼에게서 나온 물건들보다 훨씬 더 많을 겁니다. 실제 내가 알기로 한국에서는 작은 무덤의 도굴은 제한적으로나마 있었지만 큰 무덤의 도굴은 거의 없었습니다. 이는 왕에 대한 존경심 때문이었을 것입니다. 예를 들어 경주에서 6~7기의 무덤을 발굴했지만 어느 왕인지는 자세히 밝혀지지 않았습니다. 만약 사실이든 전설이든 그 무덤들이 어느 특정 왕의 무덤인지 알았더라면 그 무덤은 분명히 발굴되지 않았을 것입니다. (나는 박혁거세의 무덤이나 김유신의 것으로 '추정되는' 무덤이 진지하게 발굴되는 것을 정말 보고 싶습니다. '추정되는' 무덤이라고 말하는 이유는 박정희 시대에는 그것이 김유신 묘라는 사실을 확인할 필요가 있었고 실제로 그렇다고 인정할 만한 충분한 증거가 있다고 생각했지만 많은 학자들은 그것이 정확하지 않다고 생각하기 때문입니다.)

나는 신라의 무덤에 대한 이러한 사실들을 모두 알고 있었습니다. 그렇지만 한국인들이 특별하게도 왕의 무덤을 도굴하지 않는다는 명백한 사실을 지적한 사람은 내가 아니라, 다른 나라의 무덤에 대해서는 잘 알고 있지만 정작 그곳에는 처음 와본 파커 교수였던 것입니다. 어쨌든 이 사실은 다른 많은 증거와 함께 한국이 죽은 왕에게조차도 안전하고 평화로운 나라였음을 보여주는 확실한 증거가 된 셈입니다.

그렇다고는 해도 신발을 신은 채 대궐을 떠난 왕들도 있었지요. (이는 수명을 다하지 못하고 죽은 왕들을 말합니다). 조선의 왕들은 대부분 '자연적 원인'으로 사망했습니다. 독살도 '자연적' 죽음에 해당합니다. 물론 한국의 왕들에게 문제가 있었던 것은 사실이지요. 특히 신라의 마지막 몇 대 왕들과 고려 시대에는 문제가 많았습니다. 하지만 나는 독자들에게 몇 차례의 왕 암살이 있었다고 해서 전체적인 정치 사회 분위기가 혼란스러웠다는 증거로 받아들여서는 안 된다고 말하고 싶습니다. 물론 한국의 왕권이 불안정한 시기가 있었다는 증거가 있긴 하지만 나는 그 이야기의 다른 면을 지적하고 싶습니다. 그러니까 왕의 암살 사건이 일어났어도 왕조는 오래 지속되었고, 왕조의 교체 시에도 순조로운 과도기를 거쳤다는 사실입니다. 이것이 바로 한국이 무인이나 기사, 사무라이가 항상 권력 다툼을 하는 다른 나라들과는 다른 점이지요. 이 책의 다른 부분에서도 여러 번 주장하지만 선비는 본디 폭력적이거나 살인을 일삼는 사람들이 아닙니다. 한국의 정부는 문민정부였고 관리는 무력이 아니라 펜에 의해 등용되었습니다.

이 모든 증거를 종합해볼 때 안전한 무덤은 한국의 안정적인 역사를 보여주는 또 다른 증표입니다. 진정한 우물 밖의 개구리가 되도록 도와주신 브래들리 파커 교수님께 감사드립니다. 그가 한국 여행 직후 56세의 나이로 갑작스럽게 돌아가셨기 때문에 지금 더욱더 생각나는 것 같습니다. 하지만 그는 훌륭한 선생님이자 동료로서 내 마음속에 여전히 살아 있습니다. 도굴되지 않은 무덤에서 한국의 왕들과 함께 편히 잠들기를 바라 마지않습니다.

Words of The Frog Outside the Well
우물 밖의 개구리의 한마디

•

In other parts of the world, archaeologists seldom find a royal tomb that has not been robbed. In Korea, the tombs, even from the old Shilla dynasty, have not been robbed. This, too, is a graphic measure of Korea's stable history.

고고학자들은 세계의 다른 지역에서는 도굴되지 않은 왕릉을 거의 발견하지 못한다. 한국에서는 신라 왕조의 오랜 무덤들 도 도굴되지 않았다. 이 또한 한국의 역사가 안정적이었음을 보여주는 생생한 증거다.

6장

한국사에
봉건제도가 없는 이유

Q   교수님, 한국의 역사에서 특별한 점은 바로 유럽과 같은 봉건
제도가 거의 없었다는 것입니다. 일본의 식민사학자들은 한국 역사에서 봉
건제도가 없었기 때문에 아직도 고대 노예제 사회에 머물러 있다고 주장하
기까지 하지요. 하지만 그런 주장은 한국 역사의 특수성을 보편적인 세계
사에 맞춘 억지 주장입니다. 세계 각 나라의 역사는 비슷한 점도 있지만 나
라마다 민족, 사상, 자연환경 등이 다르기 때문에 모든 나라의 역사가 전부
비슷할 수는 없습니다. 사람마다 각기 개성이 다르고 살아온 환경이 다른
것처럼 말입니다.

저는 한국 역사에서 유럽식 봉건제가 없는 이유가 일찍부터 중앙집권적 관
료제가 발달했기 때문이라고 생각합니다. 교수님께서는 한국 역사에서 봉

건제가 없는 것이 무엇 때문이라고 생각하시나요?

A   이 질문은 한국 역사에서 가장 흥미로우면서도 잘못 생각되고 있는 부분 중 하나이지요. 봉건제도는 일본의 식민사학자들과 해방 이후 많은 한국 역사가들에 의해 때로는 자연스럽게, 때로는 악의적으로 해석되어왔습니다. 하지만 요즘에는 과거와 같이 봉건제도를 한국 역사의 일부분으로 가르치지 않고 있지요.

봉건제도가 역사에서 차지하는 역할을 이해하는 열쇠는 19세기 유럽에서 가르쳐졌습니다. 그래서 일본 역사학자들과 그들을 통해 한국 역사학자들이 통째로 받아들인 '역사의 단계'라는 이론을 살펴보는 것입니다. 바로 왕조의 변화에 따라 단계적인 발전이 수반된다는 이론이지요! 60년대 후반에 한국사 공부를 처음 시작하고 70년대에 대학원 과정을 밟았을 때 한국 학생들은 내게 한국의 각 시대는 단계 이론의 어느 단계에 해당되는지 묻곤 했지요. 하지만 나는 한국사는 유럽의 발전 단계 이론과는 부합하지 않기 때문에 그 질문 자체가 옳지 않다고 생각했습니다.

일본은 자국의 봉건제도 전통이 유럽의 봉건제도에 부합하는 것처럼 보였기 때문에 유럽의 역사적 단계 이론을 그대로 받아들였지요. 게다가 군사력 우위를 중시하는 일본인의 사고는 그 생각을 더욱 강화시켰습니다. 이것이 명백한 진실이지요! 일본은 한국이나 중국보다 더 빨리 발전했기 때문에 자신들이 더 우월한 국가이며 유럽의 식민지 강국들처럼 식민지 개척 제국의 하나가 될 자격이 있다고 생각했습니다. 그래서 일본은 한국을 일본보다 뒤떨어진 국가라고 무시하면서 한국이 '현대화'되도록 돕기 위해 일본이 '부담'을 떠안았다고 주장하지요. 많은 한국인들이 일본 노래를 불렀고 전적으로 일본에 협력한 것을 보면 명백한 사실이라는 것입니다. 과연 그런가요?

그런데도 20세기 초에 사실로 보였던 것들(일본이 사실이라고 주장한 것들)은 일본 제국이 멸망할 무렵에 이르러서는 정치적으로뿐만 아니라 지적으로도 도전을 받게 되지요. 과연 일본이 우월한 나라였을까요? 그들이 우월하다는 것은 유럽의 역사 이론에 대한 일본의 해석 때문은 아니었을까요? 역사를 보는 다른 방법이 있지 않았을까요?

나는 한국은 이미 오래전에 봉건제를 폐기하고, 대신 천 년, 어쩌면 그보다 더 긴 기간 동안 중앙집권적 관료국가를 발전시켜왔기 때문에 실제로는 한국 역사가 일본 역사보다 더 발전된 역사라고 주장해왔습니다. 귀족 정치가 1500년 이상 동안 이어져 왔으니까요. 나는 한국의 중앙집권적 국가 체제가 일본의 봉건주의보다 훨씬 우월할 뿐 아니라 시험을 통해 관료를 채용한 기술도 일본보다 우월한 제도라고 주장해왔습니다. 한국에서 권력의 자리에 오른 사람들은 일본처럼 무력이 가장 강한 사람들이 아닌, 최고의 문장을 쓸 수 있는 사람들이었지요. 그것도 외국어(漢字)로 말입니다!

'펜은 칼보다 강하다.'

이 말은 한국에 해당되는 놀라운 경구입니다. '펜(또는 붓)이 칼보다 강하다'라는 것은 말 그대로 옛 격언의 진실이지요. 우리는 칼이 일시적인 승리를 가져올 수는 있지만 궁극적인 승리는 펜이라는 사실을 잘 알고 있습니다. 일본은 칼로 한국을 36년 동안 지배했지만 한국은 3E, 즉 '교육, 경제, 오락'(education, economy, and entertainment)에서 세계적으로 부상하면서 펜의 승리를 다시 한번 보여주고 있습니다.

한국은 이미 천 년 전에 봉건적 단계를 뒤로하고 중앙집권 국가에서 문명화된 문민정부를 채택했습니다. 그러나 일본은 1860년대까지 중앙집권 국가로 발전하지 못했지요. 그때까지도 낡은 사무라이 이데올로기의 잔재들이 살아남아 그들을 전쟁으로 이끌었고 결국에는 패망하고 말았습니다. 일본의 봉건 체제인 사무라이 국가는 결국 실패한 체제이지요.

그렇다면 한때 일본을 가장 우월한 위치에 올려놓고 한국, 중국 등 다른 나라들을 무시했던 유럽의 '단계' 이론은 어떻게 되었을까요? 확실히 유럽의 '발전 단계 이론'은 재조명하거나 폐기할 필요가 있습니다. 모든 나라는 각각의 발전 역사가 있는데, 그런 개별적 역사와 독특한 통치 이념을 '모든 것에 들어맞는 하나의 이론'이라는 틀에 맞추려고 했다는 데에 그 이론의 문제가 있지요. 한국의 역사는 유럽과 일본이 강요한 이데올로기와는 부합하지 않았습니다. 이 문제를 살펴보도록 하지요.

사실 이 문제는 내가 지금까지 말한 것보다 훨씬 더 복잡합니다. 나는 한국이 천 년 동안 중앙집권적인 국가로서 우월한 정부 시스템을 가졌다고 주장해왔지요. 나는 그 주장을 계속 지켜나갈 것입니다. 하지만 일본인들은 20세기에 들어서도 한국에 노예제도가 있었다는 사실을 지적합니다. 중앙집권화된 국가에서, 발전 단계로 치면 저급 관행인 노예제도가 여전히 존재한다는 것이지요. 일본이 주장하는 역사 발전 이론에서는 사회가 원시적 사회주의에서 노예제를 거쳐 봉건제, 자본주의, 사회주의 순으로 발전한다고 되어 있지요. "그래, 바로 그거야! 노예제도는 가장 후진적인 단계야." 바로 이런 근거로 일본인들은 '선진화된' 중앙집권 국가인 한국을 무시했고, 노예 소유가 원시적인 특징이라고 지적한 것입니다.

　하지만 '모든 것에 들어맞는 하나의 이론'을 주장하며 한국이나 대부분의 다른 문화에도 단계 이론을 적용하는 것은 맞지 않는다는 점을 강조하는 바입니다. 중앙집권 국가 대 봉건제도를 비교하자면 한국은 단연코 일본보다 앞선 나라였습니다. 다만 노예제도 대 봉건제도를 비교한다면 물론 후진적인 측면이 있습니다만 내게 있어 이 접근법들 중 어느 것이 옳고 그르냐는 중요하지 않습니다. 중요한 것은 이 모든 것이 '단계' 이론을 모든 국가에 보편적으로 적용할 수 없다는 증거라는 점입니다. 각 나라는 그들만의 발전 경로를 가지고 있지요. 어떤 측면에서는 단계를 건너뛰어 가장 앞선 단계에 있으면서도 또 어떤 측면에서는 옛 단계에 머물러 있을 수 있습니다. 한국이 가장 앞선 단계인 중앙집권화된 국가 체제의 통치를 실천하면서 여전히 노예제도를 고수하는 것처럼 말이지요.

한국이 일본의 군사력과 정치적 통제로 희생되었을 뿐만 아니라, 자적인 면에서도 일본이 유럽에서 수입해 한국에 적용시킨 부당한 역사관(단계 이론)에 의해 희생된 것은 분명히 비극입니다. 그런 희생은 때로는 무의식적으로 당연하게, 때로는 불순한 목적을 담아 의도적으로 자행되기도 했지요.

한국은 부정확하고 왜곡된 이데올로기에서 벗어날 필요가 있으나 너무 흥분한 나머지 전국 대학의 모든 정직한 전통 역사학자들까지 배척해서는 안 됩니다. 물론 역사학자들은 그들이 과거에 배운 것을 재점검할 의무가 있습니다. 대부분은 조정이 필요하고 교육과정도 정정해야 하지만, 그렇다고 해서 한국의 주요 대학에서 진행되는 모든 연구와 출판을 폐기하고 거부할 필요는 없을 것입니다. 영어 속담에 '목욕물과 함께 아이를 내버리지 말라'라는 말이 있습니다. 옛날에는 아기들을 목욕시킬 때 현대의 가정에서처럼 고정된 욕조나 세면대가 아니라 물통 같이 움직일 수 있는 통에서 씻겼지요. 아기를 목욕시킨 후에는 목욕물을 버리는데 물을 버리기 전에 아기를 들어 올리는 것을 잊지 말라는 뜻이지요(한국 속담 '빈대 잡으려다가 초가삼간을 태운다'나 '소탐대실'과 같은 표현임 - 옮긴이). 이제 일본식 목욕물을 버리고 물통에는 한국의 역사학이 담겨 있어야 합니다. 우리는 한국의 역사를 가꾸고 키워서 이해하고 즐길 수 있어야 합니다. 이 우물 밖의 개구리가 하려는 것도 바로 그 일입니다.

Words of The Frog Outside the Well
우물 밖의 개구리의 한마디

•

*Japanese era historians have tried to portray Korea
as underdeveloped because it left feudalism behind a
thousand years ago — in reality, Korea's centralized
government is a more-advanced form of government.*

일제 강점기 역사가들은 한국이 천 년 전에 봉건주의를 폐기
했다는 이유로 한국을 뒤떨어진 나라로 묘사하려고 애썼다.
하지만 실제로 한국의 중앙집권 체제는 훨씬 더 발전된 정부
형태다.

한(恨)?
한국인은 신명 나는 민족!

Q   교수님! 많은 한국인들은 〈아리랑〉과 '한'(恨)을 한국의 민족 정서라고 생각합니다. 하지만 저는 그런 주장에 동의하지 않습니다. 〈아리랑〉은 대한민국의 대표적인 민요(民謠)이지만 대체로 슬픈 내용이지요. 또 '한'을 한국인의 고유 정서라고 말하지만 사실 '한'이라는 말에는 한국인들이 역사적으로 외부 세력이나 지배층에 의해 침략당하거나 박해를 받은 민족이라는 뜻이 담겨 있습니다. 저는 이런 주장들이 일본의 식민사관에서 나온 것이라고 생각합니다. 일본의 미술사학자 야나기 무네요시(柳宗悦, 1889-1961)는 "반도(半島)라는 사실 때문에 한국의 운명이 결정되었다. 조선의 역사는 '큰 나라에 대한 굴복'(사대주의)을 강요당한 역사다. 그래서 한국 역사에서 나타나는 미(美)는 애상(哀傷)의 미다"라고 말했습니다. 물

론 저는 이런 주장에도 동의하지 않습니다. 저는 한국인의 정서를 말할 때 '한' 대신 '흥(興)'을 말하고 싶습니다. 저는 한국인들이 원래는 신명 나는 민족이라고 생각합니다. 교수님은 이러한 제 의견에 대해 어떻게 생각하시는지요?

A   신 박사님! 박사님의 의견에 전적으로 동의합니다. 나는 지난 100년 동안 한국에서 가르쳐온 것과는 다른 관점으로 한국 역사를 바라보지요. 그런데 나뿐만 아니라 많은 젊은 학자들이 나와 같은 생각을 하고 있다는 것을 알게 되었습니다.

최근에는 '한'이라는 개념이 재조명되고 있습니다. 신 박사님도 그것이 일본의 강제 점령에서 나온 식민지 역사관의 일부라고 말씀하셨는데, 맞습니다. 나는 '식민사관'에 의한 역사 해석이 매우 걱정스럽습니다. 어떤 맥락에서는 식민사관이 한국 역사에 대해 지나치게 비판적인 입장을 취하고 있고, 조선 시대 당파 논쟁도 자신들의 시각대로 극단적인 대립으로 해석했지요. 한국 역사를 식민적 관점으로 보는 시각이 분명히 있다는 주장은 기본적으로 옳은 지적입니다. 한국 역사의 왜곡은, 일부는 식민사관을 가진 악의적인 일본 역사학자들에 의해 의도적으로 생긴 것이고, 일부는 유럽에서 들어온 시대에 뒤떨어진 이데올로기에서 나온 것입니다.

19세기 후반에서부터 20세기 초까지 유럽의 역사는 이데올로기에 의해 지배되었지요. 역사를 혁명의 관점에서 본 마르크스주의도 그중 일부였습니다. 마르크스 이론은 유럽인들을 진화 단계의 맨 위에 올려 놓았기 때문에 유럽인들에게 큰 인기가 있었지요. 그의 주장이 사실이 긴 하지만(적어도 그들의 관점에서는), 유럽인들이 진화 단계의 맨 위에 있다는 말은 결국 자신들이 가장 진화한 인간들이라는 주장일 뿐이었습니다. 그리고 역사가 원시사회, 노예제도, 봉건제도, 자본주의 단계 순으로 발전해왔다는 이른바 단계 이론을 일본도 좋아했지요. 그래서 일본인들은 일본의 봉건제도가 유럽의 봉건제도와 대등하다고 주장합니다. 그리고 유럽의 강국들이 19세기 말과 20세기 초에 군사력을 키워서 더 작은 미개발 국가들을 식민지로 만들었던 것처럼 일본도 봉건제도하에서 군사력을 키워온 것입니다. 일본은 '힘이 곧 정의'이며 가장 중요하기 때문에 힘을 기르는 것이 옳은 길이라고 믿고 있었지요. 식민지 건설에 대한 지적인 토대를 제공한 유럽의 역사 이론은 바로 그런 힘의 논리를 바탕으로 만들어졌습니다.

이제 우리는 21세기에 들어서야 비로소 폭력과 군사력을 앞세운 일본인들이 한국을 억압하기 위해 이용한 이론과 잘못된 생각의 문제점을 알게 되었습니다. 그런 이론의 근거부터가 잘못됐다는 사실도 알게 되었지요. 정부 체제의 발전 단계에서 봉건주의는 결코 우월한 '단계'가 아니었으며, 사실 특정 국가의 발전 '단계'를 획일적으로 구분하려는 생각 자체가 왜곡된 관점이었던 것입니다. 우리는 이제 한국이 신라 말기에서 고려 초기에 이미 봉건주의를 버리고 중앙집권적 정부를 발전시킨 한국 역사의 우월성을 제대로 보아야 합니다. 관리들은 과거 시험을 통해 등용되었지요! 무력이 아니었습니다. 한국 역사는 '펜은 칼보다 강하다'는 것을 여실히 보여주는 역사입니다.

한국에서 '한'이라는 정서가 발전했다는 생각은 일본 군국주의가 한국을 압박하기 위한 맥락에서 만든 것이라고 보아야 합니다. 한을 설명할 때 그것은 한국 고유의 개념이며 외국어로 번역하기 어려운 말이라고 말하지요. 실제로 한을 적절하게 번역하기는 어렵습니다. 적어도 한국인처럼 되어야 그것을 제대로 이해할 수 있지요.

하지만 이제 '한'을 강조하기보다는 그저 한국 문화의 한 단면으로 보는 것이 더 적절하다고 생각합니다. 또 이제는 한이라는 말보다 '펜이 칼보다 강하다'는 표현을 더 많이 썼으면 합니다. 20세기에는 사무라이의 칼이 한국의 붓보다 더 강한 것처럼 보였어도 21세기는 완전히 다를 겁니다. 한국의 붓과 한국인의 두뇌, 창의력, 근면함은 일본을 능가하고도 남을 것입니다. 일본은 역사적으로 한국을 이용하고 착취하는 행위를 반복해왔습니다. 1592년에도 그랬고, 20세기 전반에도 그랬고, 20세기 후반까지 계속됐습니다.

20세기 후반 일본의 착취와 국가적 부흥은 한국의 분단에서 시작되었지요. 제2차 세계대전 이후 유럽 무대에서 연합군은 독일을 전범 국가로 규정하고 이 나라를 분할하기로 결정했습니다. 또 태평양 무대에서도 연합군은 전범 국가인 일본을 분할하기로 했지요. 그런데 실제로는 그렇게 되지 않았습니다! 연합군은 일본을 분할하기는커녕 전범 국가를 처벌하지 않기로 하고, 오히려 전쟁에서 일본의 첫 희생자였던 한국을 분할하기로 해버렸지요. 덕분에 일본은 온갖 경제적, 정치적 혼란에서 벗어날 수 있었고, 대신 그 경제적, 정치적 혼란이 고스란히 한국에 가해진 것입니다. 결국 한국은 일본의 속죄양이 되었지요.

일본은 자신들이 한국을 반복적으로 이용해 왔음을 잘 알고 있습니다. 한국 전쟁이 시작되었을 때 일본은 제2차 세계대전 패배의 폐허에서 회복하느냐 못하느냐의 기로에 처해 있었지요. 당시 노동 불안, 사회주의 운동, 쇠퇴하는 경제는 일본의 회복에 큰 위협이 되고 있었습니다. 그러나 한국 전쟁이 발발하면서 미국은 일본을 한국 전쟁에서 필요한 물자를 조달하는 공급원(병참 기지)으로 삼았지요. 그것이 일본 경제와 정치에 엄청난 도움을 주었습니다. 일본은 그 사실을 잘 알고 있지요. 당시 일본의 총리는 요시다 시게루(吉田茂)였는데, 그는 한국 전쟁은 일본에게 '신의 선물이었다'라는 유명한 말을 남겼습니다.

'신의 선물!' 한국은 다시 일본을 위해 착취당하고 만 것입니다. 한국이 일본 대신 분단되었으니까요. 이전에는(일본이 한국을 점령했을 때) 일본이 한국의 자원 덕분에 부유했다면 이제는 한국 전쟁으로 인해 미국의 돈이 일본으로 흘러 들어간 것입니다. 일본 경제가 제2차 세계대전의 폐허에서 벗어나지 못하고 흔들리고 있을 때 한국이 다시 일본을 구하는 역할을 하게 된 것이지요.

이런 맥락에서 야나기 무네요시가 한 말을 다시 살펴봅시다. 그는 한국이 반도였음을 강조하며 작은 나라로서의 지리적 조건이 큰 나라를 섬길 수밖에 없었다는 논리를 펼쳤습니다. 말도 안 되는 얘기입니다! 이탈리아도 반도 국가였지만 더 큰 나라를 섬긴 적은 없습니다. 오늘날까지도 많은 한국인들이 그런 논리를 받아들이고 있습니다만 사실 한국이 작은 나라라는 생각은 잘못된 생각입니다. 세계 2위 경제 대국(중국)과 3위 경제 대국(일본) 사이에 낀 한국이 상대적으로 작게 보이기는 합니다. 그러나 거대한 가위로 한국을 아시아에서 잘라서 유럽으로 옮겨 본다면 경제 규모에서 영국이나 독일 같은 나라보다 약간 작고, 프랑스, 이탈리아, 스페인, 그리고 스칸디나비아반도의 4개국, 폴란드보다 더 큰, 유럽의 주요 강국 못지않습니다. 그러니 더 이상 한국을 작은 나라로 보아서는 안 됩니다. 또 한국의 미를 '애상의 미'로 보는 야나기의 생각도 전적으로 잘못된 생각이지요.

이런 관점에서 볼 때 이제 우리는 '한'이라는 개념이 일본 식민지의 부산물이라는 사실을 깨달아야 합니다. 이 책의 다른 곳에서도 주장했지만 우리는 한국 역사를 긴 안목에서 바라보고 한국 역사가 압도적으로 평화와 안정으로 이어진 역사라는 점에 주목해야 합니다. 한국을 관통하는 주제는 슬픔이나 한이 아니라, 바로 그것이기 때문입니다.

Words of The Frog Outside the Well
우물 밖의 개구리의 한마디

•

I've been surprised to see that many Koreans are abandoning the concept of "han," which is really a large part of the "victimization complex" that Korea, today, is moving beyond.

나는 많은 한국인들이 '한'(恨)이라는 개념을 이제는 떨쳐버리려고 노력하는 것을 보고 놀랐다. 사실 한은 일종의 '피해자 콤플렉스'로 한국인이 넘어서야 할 감정이다.

2부

중국의 유교와는
다른 한국의 유교

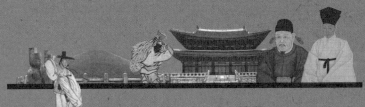

The Frog Outside the Well

자유롭고 개방적인 한국의 유교

Q　　교수님은 현재 한국에서 행해지고 있는 유교적 관행을 어떻게 생각하십니까? 오늘날 한국 사회는 그런 유교적 관행을 좋아하는 사람과 그렇지 않은 사람으로 나뉘어 있습니다. 물론 중립적인 사람들도 많지만, 한쪽 끝에는 유교적 관행을 진지하게 받아들이는 사람들이 있는 반면, 다른 한쪽 끝에는 유교에 대한 부정적 인식, 즉 여성에 대한 억압, 사회적 위계질서, 심지어 조선 시대의 선비나 족보를 싫어하는 사람들도 있습니다. 이러한 인식을 전환하기 위해서는 앞으로 어떻게 해야 한다고 생각하십니까?

A　　매우 복잡한 질문입니다만 신 박사님의 지적이 옳다고 생

안동 도산서원

각합니다. 유교적 관행으로 한국 사회의 일부가 갈라져 있는 것도 사실입니다만 앞으로의 방향은 과거를 되돌아봄으로써 찾을 수 있을 것입니다! 나는 그 답이 한국 역사에 있다고 생각합니다.

오늘날 유교적 관행이라고 인식하는, 즉 여성의 억압이나 사회적 위계 같은 것들을 좋아하지 않는 사람들은 유교가 항상 그런 것은 아니었다는 점을 인식해야 할 필요가 있습니다. 예를 들어 17세기 후반에 무슨 일이 일어났는지 살펴봅시다.

한국은 17세기 후반에 이해하기 어려운 복잡한 이유들로 큰 변화를 겪었습니다. 한국인들은 삼국시대 설총 이후부터 줄곧 특정 형태의 유교적 관행을 지켜왔습니다. 그러나 17세기 후반에 당시 사회적으로 영향력 있는 세력들이 모여 그런 유교적 관행들을 바꾸기 시작했지요.

나는 그런 변화가 임진왜란이나 병자호란 때문이 아니라는 점을 먼저 지적하고자 합니다. 한국에서 17세기 후반의 변화가 두 차례의 전쟁 때문이라고 말하는 사람들이 많습니다만 나는 그렇게 생각하지 않습니다. 두 차례 전쟁 이후 한국의 사회적·정치적 질서가 전쟁 이전의 상태로 돌아가는 흐름을 보였지요. 여기서 언급하는 변화는 전쟁 직후인 17세기 초 중반에 일어난 것이 아니라 두 세대가 지난 후에 일어났습니다. 그 변화를 이끈 주역들이 전쟁에 참여해 싸우고 고통받은 세대가 아닌 그들의 아들과 손자들이었다는 얘기이지요.

따라서 우리는 17세기에 모든 변화를 겪고 재편의 시기에 돌입했다고 보아서는 안 될 것입니다. 오히려 전쟁 후 최우선 과제는 전통적 사회 시스템을 회복하는 것이었으니까요. 피난 행렬 가마에 돌을 던진 백성들을 뒤로하고 도망쳤던 선조는 다시 왕으로 복귀했고, 관리들도 다시 돌아왔습니다. 농부들은 자신들의 땅을 다시 개간하고 농사를 지었으며 불에 탄 집을 다시 복구했지요. 노비들마저 다시 제자리로 돌아왔습니다.

이 모든 일 중에서 가장 놀라운 사실은 바로 노비들이 도망가지 않았다는 것입니다. 노예들이 모두 다시 제자리로 돌아왔지요. 그들에게 과연 어떤 대안이 있었을까요? 사실 시장과 도시가 발전하면서 많은 노비들이 달아나 스스로 새로운 삶을 주장하기 시작한 것은 세월이 한참 더 흐른 뒤의 일이었습니다. 실제로 19세기에는 노비들의 탈출이 대규모로 일어났지요. 하지만 17세기에는 아직 그렇지 못했습니다.

그러다가 17세기 후반에 접어들면서 상황이 바뀌기 시작했습니다. 화폐의 통용이 확산되고, 세금 납부 방법이 바뀌고(대동법의 시행), 경제도 점차 변화하기 시작했지요. 나는 인구 증가가 그런 변화의 중요한 요인이 되었으리라 생각합니다. 한국은 오늘날 인구 밀도가 높은 나라로 알려졌지만 항상 그랬던 것은 아니지요. 조선 초중기 문헌을 보면 사용하지 않는 땅, 즉 어느 가문이 소유하고 있지만 사용하지 않는 개간된 토지에 관한 내용이 많이 나옵니다. 조선 초중반까지만 해도 한국에 아직 인구 문제가 나타나지 않았던 것만은 분명합니다.

조선 초기에는 기근이 들었어도 사람이 굶어 죽을 정도는 아니었습니다. 그러나 조선 후기에는 흉년이 들면 굶어 죽는 사람이 많이 생겨나서, 흉년이 든 해의 혹독한 겨울 동안 백성을 돕기 위해 곡식을 저장하는 곡창 시스템을 갖췄습니다. 그런데 이 곡창들이 훗날 부패의 온상이 되었고, 탐욕스러운 군수들이 자신들의 사리사욕을 위해 곡창을 이용하는 일이 벌어졌지요. 동학농민혁명 당시 곡창은 최우선 표적이 되었고 혁명군은 곡창을 점령해 백성들에게 식량을 나누어주기도 했습니다.

사실 나는 이 분야 연구에 대해서는 별로 자신이 없습니다. 하지만 조선의 인구가 17세기 후반에 최악의 고비를 맞은 건 아닌가 합니다. 다른 나라에서도 인구가 한계점에 도달하면 상속제도를 바꾸곤 했으니까요. 가마쿠라 시대 후기의 일본에서도 상속제도의 변화가 일어났는데 나는 17세기 후반 조선에서도 그런 상황이 도래했다고 생각합니다. 아마도 16세기 말에 이미 그 한계점에 가까웠겠지만 일본의 침략 전쟁으로 200만에서 400만 명이 목숨을 잃으면서 인구 증가를 둔화시켰을 것입니다. 그로부터 한 세기 가까이 지나자 다시 인구가 늘어나 농사만으로는 거의 자급자족할 수 없는 수준이 되었을 것입니다. 중국과 일본에서도 인구 증가에 관한 연구가 시작되면서 신세계의 농작물, 특히 감자 같은 작물이 들어왔다는 사실을 주목할 필요가 있습니다.

좀 다른 이야기이지만 신세계 농작물 얘기가 나온 김에 재미있는 이야기 한 토막을 하자면, 세종대왕은 김치를 먹지 않았다고 합니다. 아마 절인 채소 정도를 먹었을 것입니다. 고추가 들어가지 않은 채소 말입니다. 왜냐하면 고추는 세종대왕 이후 100년이 넘게 지난 뒤에야 한국에 들어왔으니까요.

어쨌든 한국의 인구 압박은 17세기 후반부터 가중되기 시작했습니다. 그런데 당시만 해도 가문의 땅이 아들딸 구분 없이 모든 자녀에게 분할되었기 때문에 작은 땅 지분을 관리하기가 어려웠을 것입니다. 이 문제를 해결할 방법은 땅의 소유를 한 사람에게 통합하는 것뿐이었지요. 어떤 사회에서는 막내아들이나 딸에게 상속하는 이른바 말자(末子) 상속제도를 채택했지만, 한국 사회에서는 장남에게 상속하는 장자 상속제가 형성되었습니다. 그 이전까지만 해도 장남 이외의 작은 아들들에게도 일부 땅을 줬지만 이 시기부터는 그런 문서가 보이지 않습니다. 전에는 각 아들과 딸들이 어떻게 재산을 분할받았는지에 대한 기록들이 있었으나 18세기부터는 재산분할 기록(〈분재기分財記〉, 〈동생화회문기同生和會文記〉 등)을 더 이상 찾아볼 수 없게 된 것이지요. 재산이 모두 장남의 관리로 넘어가 버렸기 때문입니다. 딸들은 아무것도 상속받지 못했고, 작은아들들은 종손인 장남과 협상을 해야 했지요.

장자 상속, 그에 따른 장남의 역할, 그리고 '큰집', 이른바 종손댁(宗孫宅)의 출현, 부거제(父居制, 신부가 신랑의 집으로 '시집와서' 신랑의 가족과 함께 거주하는 제도)와 모거제(母居制, 부거제의 반대)의 균형보다는 부거제 결혼제가 형성되었습니다. 그러면서 이 모든 변화를 합리화하는 수단으로 유교 사상을 내세우게 된 것입니다.

실제로 주(周)나라 또는 노(魯)나라 시대의 공자는 부계 사회에서 살았다는 것이 밝혀졌지요. 당시의 사회적 행동은 자연스럽게 그런 관점에서 지도되었을 것입니다. 그러나 그런 유교 사상이 한국에 들어온 삼국시대에 한국은 부계 사회도 모계 사회도 아니었습니다. 이 두 체계를 단순한 이분법적 용어, 즉 부계의 반대가 모계라고 잘못 생각하는 사람이 너무나 많은데요. 절대 그렇지 않습니다. 한국은 그 어느 쪽에도 치우치지 않은 쌍방 간 친족관계를 유지해왔습니다. 가족의 양쪽, 따라서 어머니 쪽 가족과 아버지 쪽 가족이 모두 상속, 결혼, 의례 같은 모든 일상생활에서 대등한 역할을 했습니다. 그래서 유교도 한국화되었지요. 한국에서 유교 사상은 양쪽 가족을 균형 있게 다루었습니다. 중국에서 전해진 유교 원문이 장남을 언급할 때도 한국은 그것을 무시하고 모든 자녀를 평등하게 순차적으로 다루었지요. 바로 17세기 말까지는 말입니다.

그러나 17세기 말부터 인구 압박과 그에 따른 경제적 압박으로 사람들은 생존하기 위한 방법을 찾아야 했습니다. 그러면서 그에 대한 대책으로 유교를 구실로 삼게 된 것입니다. 이른바 부계 위주의 유교가 생겨나기 시작한 것이지요. 상속을 위해 더 이상 재산을 분할할 필요가 없고, 딸들에게는 재산을 주지 않는다. 이에 대한 근거를 유교 사상에서 찾은 것입니다. 그러면서 그들이 사용한 표현이 '문명화되기 위해서'라는 말이었습니다. 유교 사상을 받아들이기 이전의 한국은 문명화 이전 시기였으며 유교의 이상을 완전히 받아들임으로써 비로소 문명화되었다는 이론을 내세운 것이지요.

그러나 그 이론은 한국이 중국화된다는 것을 의미했습니다. 이러한 이념적 변화는 일련의 개혁이 이루어진 시기에 일어났는데 그 개혁이 바로 사대주의(事大主義) 개혁이었던 것입니다. 오늘날 한국 사람들은 역사를 되돌아보면서 사대주의 역사라고 비판하나 사실 사대주의는 17세기 후반과 18세기 초에야 비로소 생겨난 것입니다. 그러니까 사대주의는 '중국의 학문과 경세론(經世論)에 대한 존중'이라는 측면도 있습니다만 사대주의가 본격적으로 등장한 것은 유교에 대한 이 같은 근본적인 재정립과 관련이 있었다고 할 수 있지요.

이후 유교 사상에는 융통성을 찾아볼 수 없었습니다. 유교 원문의 장남 위주 언급을 무시하고 모든 자녀를 평등하게 순차적으로 다루는 일은 이제 없어졌지요. 그동안 지켜온 한국의 유교는 사라졌습니다.

그래서 한 발 뒤로 물러나 한국의 유교를 바라볼 때, 우리는 어떤 유교를 보고 있는지 물어볼 필요가 있습니다. 18세기 이전의 유교는 매우 달랐지요. 나는 그것을 한국식 유교라고 부르곤 합니다. 한국식 유교는 다소 비정통적이었어요. 중국 유교의 원칙대로가 아니라 인의예지(仁義禮智)와 삼강오륜(三綱五倫)이라는 핵심 이론이 그 안에 있었습니다. 여성에 대한 억압적인 편견이나 무거운 사회적 위계도 없었고(물론 일부 그런 점이 전혀 없었던 것은 아니지만) 부계 위주의 정치적·사회적 행동도 없었습니다. 그것은 훨씬 더 자유롭고 개방적인 유교였지요. 바로 내가 한국식 유교라고 부르는 유교 말입니다.

그런데 17세기 말에 사회가 변화하면서 한국의 유교는 중국식 유교가 되어버렸습니다.

결론부터 말하자면 오늘날 한국의 유교에 도대체 무슨 일이 생겼는지에 대한 답을 보기 위해서는 17세기까지 면면히 이어져 온 개방적이고 자유롭고 유연한 삼국시대의 유교를 알아야 합니다. 그 멋진 교리를 보십시오. 억압적인 중국식 유교보다는 한참 앞서 있다는 것을 알 수 있습니다.

　이제 우리가 가야 할 길은 자명합니다. 유교의 좋은 점은 받아들이되, 억압적인 부분은 17세기 말 이전에 무시되었던 것처럼 21세기에도 무시할 수 있습니다. 과거에도 그렇게 한 적이 있기 때문에 얼마든지 다시 시도할 수 있습니다.

　유교의 핵심 가치는 한국 학교 교육과정 윤리 과목의 필수적인 부분입니다. 한국의 초등학교와 중학교의 윤리 과목 교육과정은 유교, 불교, 기독교, 심지어 세속적 가치관까지 섞여 있다고 들었습니다. 그러나 가장 중요한 것은 유교의 이상인 충(忠), 효(孝), 인(仁), 예(禮)입니다. 물론 공부(學)도 있지요. 학교 밖에 있는 나 같은 외국인들이 한국의 환대에 감동하는 이유는 '멀리서 오는 손님을 환영'한다는 유교적 이상 때문입니다. 이런 핵심 가치들은 항상 한국의 일부분이 되어야 합니다.

　한국에 관한 많은 '좋은' 것들은 유교 이념에서 나옵니다. 그러므로 한국이 유교를 인정하고 받아들이는 것은 현명한 생각입니다. 다만 중국식 유교인 사대주의가 아니라, 그 이전부터 오랫동안 있었던 원래의 한국식 유교이어야 하겠지요.

Words of The Frog Outside the Well
우물 밖의 개구리의 한마디

•

Rather than abandoning Confucianism, Korea needs

to revive the style of Confucianism that worked when

Confucianism first came into Korea. One of the best ways

of understanding that style of Confucianism is to look a

how equal inheritance worked within a flexible Confucian

system.

한국은 유교를 버리기보다는, 처음 들어왔을 때의 유교 양식
을 되살릴 필요가 있다. 유교의 양식을 이해하는 가장 좋은 방
법 중 하나는 유연한 유교 체제에서 평등한 상속이 어떻게 이
루어져 왔는지 보는 것이다.

족보를 통해 보는 역사

Q   교수님, 현재 한국에는 조선 시대에 간행된 족보가 남아 있습니다. 또한 현재에도 각 성씨의 문중에서는 족보를 계속 간행하고 있습니다. 과거 한국도 다른 나라처럼 신분제도가 있었습니다. 신분제도가 철폐되면서 이후 족보가 위조되기도 하였습니다. 하지만, 최소한 19세기까지 간행된 족보는 거의 위조가 없는 것이 사실입니다. 따라서 그러한 족보는 역사적 기록물로서도 충분한 가치를 가지고 있습니다. 이러한 사실은 교수님도 유튜브 영상에서 말씀하셨습니다. 다만, 더 구체적으로 여쭤볼 말씀이 있습니다. 다름이 아니라 족보에 대한 교수님의 관점입니다. 또 다른 하나는 한국인들이 앞으로도 족보를 계속 간행하거나 유지해야 한다고 보시는지요?

A　　　　나는 족보를 두 가지 측면에서 보아야 한다고 생각합니다.
하나는 족보의 역사적 측면, 그다음은 한국 족보 연구의 미래를 보는
것입니다.

족보의 역사

한국에서 족보가 발전하는 것을 보노라면 족보의 스타일이 그 시대
의 사회를 반영한다는 사실을 알 수 있습니다. 그러니까 어느 특정 시대
의 족보는 그 시대의 스냅사진과 같다고 할 수 있지요. 사회가 변하면서
족보의 스타일도 변했습니다. 처음 족보가 등장했을 때는 그 사회 현장
의 현실을 반영했지요. 초기의 족보에는 아들딸이 가정과 사회에서 대
체로 동등한 지위를 공유했음을 보여줍니다. 여성들이 과거 시험을 치
르거나 대궐 관리로 등용될 수는 없었지만 자신의 재산을 소유하거나,
자신의 재산을 사고팔거나, 재산을 상속받을 수 있었습니다. 또한 새로
운 가정, 즉 모계 가족 또는 모거제를 구축할 수도 있었습니다. (그래서
'장가간다'라는 표현이 나온 것이지요.) 여성들은 남자 형제들과 똑같이 돌
아가면서 가문의 모든 중요한 제사도 주관했습니다.

조선 초기의 한국 사회는 쌍방 관계였지요. 그러니까 남편 쪽과 아내
쪽 친척들이 상호 동등하게 대우받았고, 아버지 쪽 친척이나 어머니 쪽
친척도 동등한 상호 관계를 유지했습니다. 가족 관계의 기록인 족보에
서 이런 관계는 팔고조도(八高祖圖, 자기 윗대 고조부 8명의 가계도 - 옮긴

이) 또는 5대 가계도에 그대로 나타나 있지요. 이처럼 성별 균형이 잡힌 족보는 17세기 이후에 생긴 족보와는 매우 달랐습니다. 오늘날 한국에서 흔히 보는 족보는 성차별이 분명해진 17세기 이후에 나타난 족보의 형식이지요.

오늘날 우리가 흔히 보는 족보는 부계 문서로, 남자 쪽 친척들과 관련이 있는 남자 친척들만 기록되어 있습니다. 이것은 '남자를 통해, 남자들로만 이어지는' 전통적인 부계 사회를 보여줍니다. 이런 족보는 장남을 통한 혈통을 강조하지요. 장남이 아닌 다른 아들들은 2차적으로 포함되지만 딸들의 경우 결혼한 남편의 이름만 언급됩니다. 그리고 남자의 아내들은 성과 본관, 조상 몇 대까지만 소개되지요. 이상적으로는 부인의 '사조'(四祖) 즉 사대조상(四代祖上)인 아버지, 할아버지, 증조부, 그리고 외조부까지 족보에 등재되어야 하지만 실제로 많은 족보 편찬에 아내 쪽 사대조상은 모두 포함되지 않고 아버지의 이름만 표시되는 경우가 많았습니다.

일반적으로 장남과 남성이 지배하는 사회에서는 족보에서 여성들을 제외시키기 시작했습니다. 여성의 계보는 족보에 오르지 못했고 단지 누군가의 아내로서, 딸로서만 기록되었을 뿐이었습니다. 아내의 출신 가계도와 딸의 출신 가계도에 관한 정보는 대개 시댁의 족보나 사위의 족보에서나 겨우 찾을 수 있을 정도였지요.

족보의 목적에는 여러 가지가 있습니다. 첫 번째 목적은 한 가구 남성의 현재부터 시대를 거슬러 올라가 계보가 시작된 첫 조상인 시조까지의 목록을 살펴보는 것입니다. 이렇게 하는 이유는 시조에 이르기까지 모든 조상은 아니더라도 일부 조상들의 제사를 지내기 위해서지요. 따라서 족보에 있는 중요한 정보 중 하나는 바로 등재되어 있는 인물의 생년월일과 사망일입니다. 대개 그 날짜 중 하나(대개는 사망일)가 제사를 지내는 날짜이기 때문이지요. 모든 조상의 제사를 일일이 지내는 것은 엄청나게 시간이 소요되는 일입니다. 내가 아는 한 종손은 매년 무려 17차례의 제사를 지낸답니다. 상상만 해도 마음이 바빠집니다!

오늘날 대부분 한국인에게 친숙한 인쇄된 족보 형식은 17세기 후반과 18세기 초반부터 생겼습니다. 그전에는 족보가 아주 다른 형태를 보였지요. 가장 좋은 예가 한국에서 현존하는 가장 오래된 인쇄 족보인, 1476년에 발행된 《안동권씨성화보》입니다.

이 족보에는 여성의 가계도도 남성의 가계도와 마찬가지로 중요하게 여겨져서 딸의 가계도도 아들의 가계도처럼 자세하게 정리되어 있습니다. 우리는 이 족보에서 남성 중심이 아니라 그 가족 단위의 모든 자녀들이 출생 순서에 따라 기록되어 있는 것을 볼 수 있습니다. 모든 아들이 기록되고 그다음에 딸들이 기록되어 있지요. 딸의 가계도까지 모두 나열되어 있기 때문에 이 족보에는 안동 권씨 사람들만 있는 게 아닙니다. 오히려 안동 권씨 사람은 전체의 10%밖에 되지 않습니다. 나머지는 모두 안동 권씨 딸들과 결혼해 안동 권씨 가계의 친척이 된 사람들이지요.

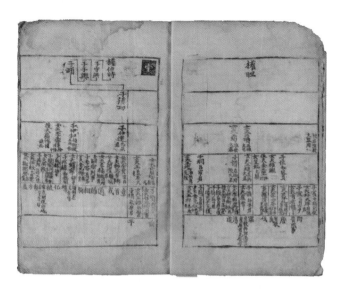

《안동권씨성화보》에서 재혼한 여성이 기록된 부분

안동권씨 족보에는 재혼한 여성의 기록도 있습니다. 여성이 한 '남편'과 함께 이름이 올려졌다가 '나중 남편'을 갖게 되는 경우는 10건으로 나타나는데, 이는 첫 번째 남편이 있었다가 나중에 두 번째 남편이 생겼다는 뜻이지요. 이는 나중에 자주 인용되는 '열녀'(烈女, 충실한 아내)라는 이상적 개념이 아직 확립되지 않았다는 것을 의미합니다. 오래된 다른 공식 족보에서도 재혼한 여성을 볼 수 있습니다. 그러나 남성 가계도 중심의 족보가 확립된 17세기 후반 이후에는 족보에서 여성의 재혼 흔적을 찾아볼 수 없습니다.

17세기 말 이전에 볼 수 있었던 또 다른 족보 형식은 바로 '팔고조도' 문서입니다. 말 그대로 8대 고조부까지의 도표지요. 이 문서는 서양에서 발견되는 족보들과 정확히 일치하며 '가계도'(family tree) 또는 '5대 가계도'(five-generation pedigree chart)라고 부르기도 합니다. 한 가족이 많은 세대에 걸쳐 형성한 여러 개의 가지를 보여주는 족보의 기본 형식입니다. 하지만 조선 후기에 남성 중심인 형식으로 족보가 바뀌면서 남성의 20대 또는 30대까지 거슬러 올라가 신라나 가야 왕조 초기 인물까지 이어지는 가계도도 있습니다. 그러나 남녀를 평등하게 다루는 족보 형식에서는 모계의 조상도 비슷한 수의 세대까지 기록되어 있는데 이처럼 가계도를 균형 있고 평등하게 연구하는 출발점이 바로 팔고조도입니다.

사회가 어떻게 변화하고 있는지에 대한 몇 가지 지표를 보면 족보 연구의 미래를 어느 정도 예측할 수 있을 것입니다. 불과 50년 전만 해도 한국은 농업 위주의 사회였지요. 국가의 80~90%가 농촌이었고 도시는 10~20%에 불과했습니다. 그러나 현대의 한국 사회는 90%가 도시이고 10%만이 농촌이지요. 한국 주택은 예전에는 거의 단층 한옥이었지만 지금은 고층 아파트가 대부분입니다. 한국은 대가족, 심지어 여러 세대가 함께 사는 가구를 중요시했으나 지금은 핵가족 사회가 되어 한두 명의 자녀만 두는 작은 가족이 주를 이루고 있습니다. 노인들을 위한 실버타운도 등장했지요. 과거에 상속 재산은 주로 장남에게 돌아갔고 작은아들들의 몫은 적었습니다. 그마저도 딸들에게는 아예 돌아가지도 않았습니다만 요즘에는 모든 아들과 딸들에게 상속 재산이 균등하게 분배됩니다. 호적제도에도 한때 '세대주'가 남성이어야 한다는 규정이 있었지만 이제는 여성도 세대주가 될 수 있게 되었습니다. 이 모든 사회적 변화는 부계 권력이 약화되고 사회에서의 여성 역할이 강화되는 추세가 반영된 것이라고 볼 수 있지요. 그렇다면 족보는 앞으로 어떻게 변화할까요? 족보의 형식이 한국 사회의 이런 새로운 가치를 어떻게 반영할 수 있을까요?

미래의 족보

나는 앞서 족보를 그 시대 사회의 스냅사진이라고 말했습니다. 또 남녀를 평등하게 다루었던 '팔고조도' 형식의 족보가 장남, 즉 종손 위주의 형식으로 변화한 것처럼 족보의 형식이 변화한 것도 살펴보았습니다. 그렇다면 미래의 족보는 어떤 모습일까요?

한 가지 분명한 대안은 한국이 점점 평등 사회로 진화함에 따라 남성 계보와 여성의 계보가 동등하게 인식되는 서구 사회의 가계도와 같은 족보 형식으로 발전하리라는 것입니다. 실제로 과학적인 의미에서 DNA는 할아버지뿐만 아니라 할머니로부터도 똑같이 물려받지요. 서양에서도 가계도 또는 가족사를 연구하는 일은 사람들의 관심을 끄는 인기 있는 취미 중 하나가 되고 있습니다.

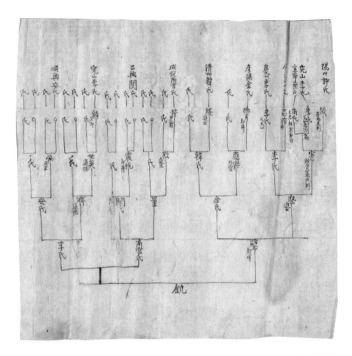

서양에서는 가계도를 연구할 때 아버지 쪽과 어머니 쪽의 모든 조상에 대한 모든 문서, 즉 출생증명서, 결혼증명서, 사망증명서, 상속문서, 부고 등 모든 서류를 자세히 조사합니다. 그 과정에서 새로운 조상이 발견되면 가계도는 그만큼 더 자라지요.

서양의 가계도는 사실상 한국의 옛 '팔고조도'와 동일합니다. 그러므로 한국인들은 서양식의 과학적인 가계도를 채택하는 방식을 고려해도 좋고, 한국의 고대 족보 형식을 부활시키는 방식을 추구해도 좋을 것입니다.

한국이 앞으로 조상과 가계도를 남녀 쌍방 평등주의로 생각하는 방향으로 나아간다면 한국의 인쇄된 족보 전통에 따라 부계와 모계의 가계도를 모두 연구하는 데 큰 이점이 있을 것입니다. 그렇게 되면 어머니 가계도에 두 명의 할머니(친할머니와 외할머니)가 추가되고 네 분의 증조할머니가 더해지며 거기서 다시 8명의 고조할머니가 추가되지요. 이것이 바로 팔고조도입니다. 이 팔고조도에는 8명의 고조할아버지뿐만 아니라 8명의 고조할머니까지 포함됩니다.

사실 이 작업에는 끝이 없습니다. 우리는 이제 막 경주를 시작했을 뿐이고 더 많은 연구도 필요합니다. 5대 할머니는 16명, 6대 할머니는 32명으로, 한 세대 더 올라갈 때마다 수는 두 배로 늘어납니다. 그 수가 너무 많아 압도적으로 느껴지지만 이 작업은 엄청나게 흥미진진합니다. 핵심은 팔고조도지요. 한 사람의 팔고조도 맨 위에는 16명이 있고, 그 16명이 각각 팔고조도를 가지고 있습니다. 불가능하게 들리나요? 아니, 그렇지 않습니다. 나 같은 평범한 사람도 팔고조도가 있고, 16명의 고조할아버지와 고조할머니도 대부분 팔고조도를 가지고 있습니다. 요점은 새로운 할머니가 생길 때마다 연구할 새로운 족보가 생긴다는 것입니다.

Words of The Frog Outside the Well
우물 밖의 개구리의 한마디

•

As Korea leaves the male-dominant social system behind, it will likely adopt a bilateral kinship system, like that of old Korea, and like that of the West. The "palgojodo" is just like the Western "family tree chart."

한국이 남성 우위의 사회제도를 벗어남에 따라 서양처럼 외가와 친가가 동등한 친족 제도를 채택할 것으로 보인다. 이는 예전의 한국으로 되돌아가는 것이다. 한국에서 부계 사회 이전의 '팔고조도'는 서양의 '가계도'와 같은 개념이었다.

3장

오죽헌은 신사임당이
어머니께 물려받은 집이다

Q   교수님, 한국에는 어머니와 아들이 각각 다른 지폐에 그려져 있습니다. 아마 교수님도 누군지 아시겠지요. 바로 율곡 이이와 신사임당입니다. 이 두 사람과 관련된 이야기가 많은데 특히 율곡 이이는 어머니 신사임당의 영향을 많이 받았다고 합니다. 율곡 이이와 어머니 신사임당의 이야기 중에 교수님께서 소개해주실 만한 이야기가 있다면 어떤 것이 있을까요? 또 그 이야기 속에서 우리가 잘못 알고 있는 조선 시대의 다른 모습이 있다면 어떤 것이 있을까요?

A   율곡 이이 선생은 내가 한국 역사에서 가장 좋아하는 인물 중 한 명이지요. 물론 그의 어머니인 신사임당도 내가 가장 좋아하는

인물 중 한 명입니다. 두 분 모두 한국의 지폐 위에서 영광을 누리고 있지요!

나는 한국 역사에서 양자(養子) 입양과 서자(庶子) 문제에 관심이 있었기 때문에 연구 초기부터 율곡이라는 인물을 알 수 있었습니다. 물론 율곡은 족보상에 있는 누군가를 양자로 삼기보다는 자신의 서자를 합법적인 신분으로 승격시키는 방법을 택했는데 이것이 나중에 한국에서 관행이 되었지요. 율곡이 살던 시대에 한국 사회는 중국식 유교를 있는 그대로 모두 받아들이느냐 마느냐로 논쟁이 있었습니다.

유교는 삼국시대부터 한국에 들어와 있었지만 중국 유교 그대로가 아니라 한국적인 방식으로 수용해왔지요. 당시의 유교는 남성 중심적인 유교가 아니었습니다. 남성 위주의 이른바 부계식 유교는 17세기 후반과 18세기 초에 생겨났는데 이는 한국식 유교가 아니라 중국식 유교였습니다. 결국 한국은 이 시기에 사대주의에 치우치면서 부계식 중국유교를 받아들이게 된 것이지요.

율곡 시대 때만 해도 딸들이 재산을 상속받을 수 있었고, 아들과 딸은 상속, 제사, 재산 관리(재산의 매매)에서 동등한 위치에 있었습니다. 율곡은 자신의 재산을 상속받을 양자를 들일 필요는 없다고 생각했습니다만 그가 죽은 후에 자신의 제사를 지내줄 사람이 있어야 했기 때문에 서자를 완전하고 합법적인 지위로 승격시키고 싶어 했지요.

나는 율곡 선생의 종손을 만난 적이 있습니다. 서울 성균관에서 열린 제사 의식에 참석한 유림들 중 한 분이었지요. 나는 그를 만나서 영광이었고 그는 내게 진심 어린 친절을 베풀었습니다. 그런데 제사 의식에 참석한 유림 중 또 다른 한 분이 입을 손으로 가리며 내게 낮은 소리로 속삭였습니다. "아시다시피 그는 서자 출신이에요." 회재 이언적 선생의 후손에게도 비슷한 문제가 있었습니다. 그의 후손은 서자 계보와 양자 계보로 나뉘었는데, 서자 가문은 그의 큰 집인 옥산서원 근처에서 살았고, 양자 가문은 양동마을에서 살았지요.

율곡을 말할 때 그의 어머니인 신사임당을 이야기하지 않을 수 없습니다. 두 사람 모두 영광스럽게 각각 한국 지폐 5,000원권과 5만 원권에 인쇄되어 있지요. 이처럼 두 사람은 함께 이야기하는 게 더 적절한 것 같습니다. 내가 한국 역사에서 이 두 명의 걸출한 인물을 알게 된 경로는 그들의 상속문서를 통해서였습니다. 16세기에 쓰인 두 사람의 상속문서는 지금까지 전해지고 있습니다.

당시의 상속문서는 한 집안의 아들과 딸 사이에 유산이 동등하게 상속되었음을 보여줍니다. 두 문서 모두 그렇습니다. 이이의 상속문서에 따르면 그는 7명의 자녀 중 셋째였습니다. 신사임당은 모든 면에서 완벽했지요. 그녀의 문서에는 자녀가 출생 순으로 기록되어 있는데 그녀는 차례대로 아들, 딸, 아들(율곡), 딸, 아들, 딸, 아들을 두었습니다. 그러니까 행운의 일곱 자녀(아들 넷, 딸 셋)를 둔 셈이지요. 〈동생화회문기(同生和會文記)〉라는 이 상속문서는 말 그대로 '형제자매들이 모여 평화롭게 협의하여 작성한 기록'이라는 뜻입니다. 나는 그런 이름을 사용했다는 것 자체가 상속을 둘러싼 분쟁이 일어날 가능성이 있다는 것을 암시하고 있다고 생각합니다. 그 문서에는 7명의 형제자매와 그들의 생존한 배우자나 자녀 모두가 서명했습니다.

이 문서에서 모든 자녀에게 상속된 토지와 노비를 기록한 문장의 길이를 보면 모두에게 재산이 균등하게 상속되었다는 것을 쉽게 알 수 있습니다. 그리고 실제로 그 문장을 자세히 살펴보면 재산이 꼼꼼하고 균등하게 배분되었다는 것을 알 수 있지요. 그러니까 한 자녀(장남)가 모든 노비와 모든 땅을 전부 상속받은 것이 아니라, 일곱 명의 자녀가 인원, 능력, 나이, 성별을 따져 동등하게 노비를 물려받았고, 토지도 신중하고 평등하게 나누어서 일곱 명이 각각 동일한 몫을 분배받은 것입니다.

이 상속문서는 조상들의 제사에 관해서도 규정하고 있는데 이 제사를 담당하는 자녀에게는 별도로 노비와 토지가 할당되었습니다. 율곡의 동기간들 경우에는 이이가 조상의 제사를 맡는다는 문항이 따로 명기되어 있지요. 그는 이미 과거 시험에 합격했으며 가문 내의 모든 사람 또한 그가 유학자로서 명성을 얻고 있다는 것을 알고 있었기 때문일 것입니다.

율곡에 관한 이야기 중 더 흥미로운 사실은 그가 겨우 13살 때(한국 나이로 13살이니 실제로는 11살이나 12살이었을 것입니다) 첫 과거 시험에 합격했다는 것입니다. 그는 생원이나 진사가 될 수 있는 사마시(小科)

양과에 모두 합격했을 뿐만 아니라 더 높은 시험인 문과(大科) 시험에도 합격했지요. 모든 시험은 지역(초시), 국가(복시), 대궐(전시) 등 세 단계로 이루어졌기 때문에 총 아홉 차례의 시험을 보아야 했는데 그는 모든 시험에서 장원 급제했습니다!* 그의 전기에 기록된 바에 따르면 과거 시험에서 장원만 9번 했다고 하여 구도장원공(九度壯元公)이라 불렸다고 합니다. 이는 믿을 수 없는 놀라운 업적으로 그의 비범한 지성에 대한 증거라고 할 수 있습니다.

그의 총명함은 어디서부터 시작되었을까요? 그는 어떻게 중국 학문을 그렇게 완벽하게 배울 수 있었을까요? (당시 과거 시험과목은 주로 유학에 관한 것이었다.) 바로 그의 어머니가 첫 스승이었기 때문입니다!

신사임당은 참으로 훌륭한 여성이었습니다. 그녀는 화가이자 시인이었으며 중국어로 쓰여진 중국 고전까지 통달한 학자였지요. 그녀의 상속문서인 〈동생화회문기〉 덕분에 우리는 그녀에 대해 더 많이 알게 되었습니다. 신사임당의 형제자매들의 상속문서는 다섯 명의 딸들 간에 재산 분할을 보여주는, 현존하는 몇 안 되는 문서라는 점에서 매우 특별한 자료지요. 물론 그녀가 200년 후에 살았다면 그녀와 그녀의 네 자매는 모두 출가해서(시집가다, married out) 족보에 오르지 못하고, 그녀의

---

* 일반적으로 조선의 과거 시험은 생원과/진사과(소과) 초시 → 생원과/진사과 복시 → 문과(대과) 초시 → 문과 복시 → 문과 전시의 5번을 거치게 된다. 이이의 경우는 생원과와 진사 초시 복시에서 모두 장원, 그리고 문과 전 시험에서 장원으로, 거기에 특별 시험인 별시에서도 장원, 진사과 초시에서도 장원을 한 번 더 해서 총 9번의 장원을 하게 되었다.

강릉 오죽헌

아버지 신명화의 족보는 부계 상속에 따라 양자로 받아들인 조카를 중심으로 작성되었을 것입니다.

조선 후기에 이르러 여성들의 '출가' 풍습이 보편화되었습니다. 하지만 신사임당의 당시에는 여성의 출가뿐 아니라 남성들에게도 '출가'의 의미인 '장가가다'라는 개념이 있었지요. 신사임당의 남편 이원수가 바로 신씨 집안에 장가를 '간'(married into) 경우라고 할 수 있습니다(데릴사위의 개념). 우리는 율곡이 오죽헌이라는 집에서 태어났다는 것은 알지만 그곳이 신사임당의 집이었다는 것을 아는 사람은 그리 많지 않지요. 오죽헌은 신사임당이 자신의 어머니인 용인 이씨에게서 물려받은 집이었고, 용인 이씨 역시 자신의 어머니인 강릉 최씨에게서 물려받았습니다. 그리고 오죽헌을 지은 최씨 가문은 삼대에 걸쳐 모두 남성이 이 집안으로 장가를 들어오는(장가가다) 전통이 있었지요.

　대부분의 사람은 당시 남성이 여성의 집안으로 장가 '가는' 경우가 얼마나 많이 있었는지에 대해 잘 알지 못합니다. 그에 대해 아는 사람들은 그런 관행이 매우 특이하다고 말하지요. 남편이 처가에 사는 점이 매우 이례적이라는 것입니다. 조선 후기의 관점에서 보면 그럴지도 모르지만 조선 초와 중기의 관점에서 보면 전혀 이례적인 일이 아닙니다.

　이와 관련된 주제가 본관(本貫)입니다. 본관이 뭐냐고요? 바로 최초의 조상인 시조가 살았던 곳을 말합니다. 본관은 보통 군 단위 지명을 쓰지요. 물론 오늘날 대부분의 사람이 본관에 살고 있지는 않지만 그곳은 한때 그들의 조상들이 살았던 곳입니다. 여기에서 질문이 생기는데요, 우리 조상들은 왜 고향인 본관을 떠났을까요? 만약 우리 사회가 처음부터 부계 사회였다면 아무도 본관을 떠나지 않았겠지요! 하지만 오늘날 99% 혹은 그 이상의 사람들이 본관을 떠났습니다. 왜일까요? 바로 '장가를 갔기'(married out) 때문입니다.

Words of The Frog Outside the Well

우물 밖의 개구리의 한마디

·

Yulgok, one of the great masters of Korean Confucianism, lived in a society where daughters inherited property equally with sons, where marriages were at times in the wife's house and at times in the husband's house, and where women hosted the jesa ceremonies on equal footing with their brothers.

한국 유교의 대가인 율곡은 딸들이 아들과 동등하게 재산을 상속받는 사회에서 살았다. 당시에는 결혼하고 남편의 집에서 살기도 했지만 아내의 집에서 살기도 했다. 딸들도 아들들과 동등한 입장에서 제사를 모셨다.

4장

딸들도 제사를 지냈다!

Q   교수님, 이번에도 혼인과 관련된 질문입니다. 교수님도 저도
모두 알고 있는 것처럼 17세기 이전까지는 부모님의 제사를 형제자매들이
서로 번갈아 가면서 지냈습니다. 이런 관행을 '윤행'(輪行) 또는 '윤회봉사'
(輪回奉祀)라고 하는데 대신 형제자매들이 부모님의 재산을 똑같이 상속받
았지요. 그런데 17세기 이후부터는 제사를 큰아들이 지내도록 바뀌었잖아
요. 그렇게 된 이유가 큰아들이 제사를 책임지기 때문이라고 한다면 나머
지 형제나 자매들이 불만이 있었을 것 같습니다. 그런 불만에 대한 해결책
으로는 어떤 것이 있었다고 생각하시나요?

우리는 '흥부와 놀부'에 대한 이야기를 잘 알고 있습니다. 그 이야기에서
형 '놀부'는 재산상속을 많이 받아 부유하게 살면서 가난하게 사는 동생

'흥부'를 도와주지 않는 나쁜 사람으로 나오지요. 이런 이야기가 '큰아들 상속'의 부작용을 보여주는 것 같습니다. 교수님께서는 이처럼 제사 문화가 변화한 것에 대해 어떻게 생각하시는지요?

A   먼저 흥부와 놀부 이야기부터 해보지요. 나는 다른 책에서 이 이야기가 일종의 저항 문학이라는 이론을 펼치면서, 장남이 모든 재산을 받지만 작은아들들은 거의 아무것도 받지 못하는 상속제도의 변화에 대한 저항을 대변하는 이야기라고 강조한 바 있습니다. 모든 재산이 장남에게만 돌아갔으며 딸들은 전혀 재산을 상속받지 못하고 운이 좋아봐야 기껏 결혼할 때 어느 정도의 지참금을 가져가는 상황이었으니까요. 이때부터 딸은 '출가외인'이 되었습니다. 그러니까 딸들은 결혼하고 나면 원래의 가족에 속하는 것이 아니라 남편의 가족에 속한다는 것이지요. 죽은 후에도 남편과 함께 묻혔으니까요. 결국 흥부 이야기는 1660년대부터 1680년대까지 시대의 영향으로 상속권을 박탈당한 작은아들들(차남과 삼남들), 즉 그 시대 사회의 흥부들을 겨냥한 이야기이지요.

그 줄거리를 봅시다. 형 놀부는 악한 인물이지만 돈, 땅, 음식을 모두 가지고 있습니다. 반면 동생인 흥부는 정직하고, 열심히 일하며, 좋은 남편이고, 좋은 아버지로서 덕망 있는 인물이지만 찢어지게 가난하지요. 당신은 어떤 사람이 되고 싶나요?

조선 시대 〈동생화회문기〉

　이 이야기에서 선한 영웅은 상속권이 없어서 재산이라고 할 만한 것이 하나도 없지만, 착한 마음씨로 상처 입은 제비를 도와주고 풍부한 보상을 받습니다. 그러나 탐욕스러운 놀부는 그의 탐욕 때문에 벌을 받지요.

　나는 이 이야기의 목적 중 하나가 장남들에게 동생들을 더 잘 돌보라고 격려하기 위한 것이라고 생각합니다. 모든 상속 특권이 장남들에게 있었기 때문이지요. 그러나 가장 주된 목적은 상속을 받지 못하게 된 사람들이 분노와 좌절감을 토로하고 표출하는 것이었을 점입니다. 하지만 실제로 악한 사람들보다 선한 사람들이 많았다면 한국 장남들의 자비심이 제대로 평가되었겠지요.

　또 윤행의 풍습에 대해 질문하셨는데 실제로 재산이 모든 자녀에게 균등하게 분배되었던 시절에는 모든 형제자매, 아들, 딸이 각각 차례로 돌아가며 똑같은 방식으로 제사를 도맡았습니다. 그런데 부안 김씨 상속문서에 흥미로운 내용이 나옵니다. 1666년부터 전해지는 〈동생화회문기〉에는 "吾家異於他家 出嫁女子 則祭祀勿為輪行(오가이어타가 출가

여자 즉제사물위윤행)"이라고 되어 있습니다. 그러니까 '우리 가족은 이제부터 딸들이 돌아가며 조상 제사를 지내는 것을 허용하지 않는다'라는 점에서 다른 집안과는 다르다는 점을 드러내고 있습니다. 상속제도가 평등주의에서 장자 상속으로 변화하는 흥미로운 이정표인 셈이지요.

부안 김씨 문서에서 딸들은 상속권이 완전히 박탈된 것이 아니라 과도기 단계였습니다. 그들은 원래 자기 몫의 3분의 1만 받았지요. 왜 3분의 1이었을까요? 부모가 돌아가시면 아들은 3년을 애도해야 하지만(3년상) 딸은 1년만 애도하는 것으로 규정되어 있기 때문입니다. 그런데 한 세대가 지난 후에는 그마저도 완전히 없어져 딸의 몫은 제로(0)가 되지요.

경상북도 지역에서 전해지는 또 다른 〈동생화회문기〉에는 '8남매 중세 딸은 멀리 떨어져 살아서 제사에 충실히 참석하지 못하기 때문에 자기 몫의 8분의 3을 주기로 했다'라는 내용이 나옵니다. 이는 형제들이 몇 년 후에 그들의 〈동생화회문기〉를 수정해서 다시 쓴 것으로, 세 딸의 몫을 더 늘려준 경우인데, 내가 아는 한 이런 경우는 이것이 유일한 사례입니다. 그들은 딸들에게 원래의 몫을 전부 회복시켜주지는 못했지만 딸 몫의 8분의 5만큼만 차지하는 절충안을 생각해낸 것이지요.

그러니까 이것은 딸들에게 돌아가는 몫을 줄이는 모호하고 합리적인 과도기적 단계였던 것입니다. 18세기에 들어와서는 딸들에 대한 상속은 사실상 완전히 사라졌습니다. 제로가 된 것이지요.

상속권의 박탈과 함께 여성들은 '차례대로' 제사를 지낼 권리도 잃었습니다. 결국 장남이 모든 재산을 상속받는 대가로 제사도 장남의 몫이 되었지요. 그리고 이와 함께 조선 사회가 종손이라는 유교적 이상을 따르게 되면서 큰집의 개념이 생겨나게 되지요. 그러니까 종손, 큰집은 17세기 말 이후에 생겨난 개념이라는 것입니다.

여기서 한 가지 강조하고 싶은 사항은 이런 변화가 임진왜란 때문이 아니라는 것입니다. 우리는 1592년, 1627년, 1636년의 전쟁 이후에 조선이 사회·경제적으로 크게 변화했다고 말하는 경우를 자주 봅니다. 하지만 자세히 살펴보면 전쟁 후에 한국이 가장 먼저 한 일은 전쟁 이전 상태의 사회와 정부를 복원하는 것이었지, 어떤 변화된 상태를 추구하는 것이 아니었습니다. 내가 언급하는 조선의 사회적·경제적·이념적 변화는 그로부터 2~3세대가 지난 뒤에 찾아왔는데, 이 점이 매우 중요한 부분입니다. 그러니까 조선의 이런 변화가 일본인 때문이라고 생각해서는 안 된다는 것이 내 주장입니다. 전쟁이 끝난 후 한국인들이 가장 먼저 한 일은 정상으로 돌아가는 것이었지요. 백성들을 전쟁터에 남겨놓고 도망간 불명예스러운 왕, 한양을 떠날 때 백성들이 돌을 던졌던 그 왕이 돌아와 다시 왕의 자리에 앉았습니다. 조정의 관리들과 정부도 이전과 같이 재건되었고, 농부들도 다시 그들의 농토로 돌아갔으며, 그리고 가장 놀랍게도 노비들도 다시 노비로 돌아왔습니다.

사람들은 임진왜란 같은 큰 혼란이 노비들에게는 도망쳐서 스스로 새로운 삶을 찾을 완벽한 기회라고 생각할 것입니다. 물론 나중에는 그렇게 했지만 임진왜란 이후에는 모두 제자리로 되돌아왔습니다.

유교 사상이 사회 전반에 침투하는 변화는 거의 100년 뒤에 일어났지요. 그러므로 17세기 전체를 전쟁으로부터의 회복기로 적당히 묶어서 생각하면 안 됩니다. 한국은 먼저 회복 과정을 겪었고 그 이후에 직면한 사회·경제적 변화를 전쟁의 후유증으로 인한 비상 상황으로서가 아니라 보다 자연스럽고 유기적인 방법으로 다루었던 것입니다.

부계 사회로의 전환도 임진왜란 때문이 아니라, 두세 세대가 지난 후인 17세기 후반과 18세기에 생겨났지요. 그러니 비록 에둘러 말한다 해도 일본 때문이라고 생각해서는 안 됩니다.

•

The key word is "yunhaeng" meaning to take turns in hosting the ancestor ceremonies —sons and daughters on equal footing..

이 장의 키워드는 '윤행'이다. 이는 아들과 딸이 번갈아 가며 제사를 치르는 것을 말한다.

5장

양자 제도의 변화

Q   족보에 관한 교수님의 논문을 살펴보니 교수님께서는 족보상
에 나타나는 같은 가계 내에서 양자를 들이는 제도에 관해서도 연구하셨
다는 것을 알게 되었습니다. 한국 역사의 중요한 시기인 17세기 후반에 나
타난 족보의 변화에 대해서도 논문을 쓰셨더군요. 상속제도와 조상에 대한
제사의 변화와 함께 양자 입양 관행의 변화도 보셨으리라 생각되는데, 입
양 문서에 관해 연구하신 게 있다면 말씀해주십시오.

A   네. 조선 사회는 부계 중심 가족, 즉 부계 사회가 되면서 입
양 관행도 큰 변화를 맞았지요. 나는 부계 사회의 특징으로 1. 상속, 2.
제사, 3. 족보, 4. 결혼, 5. 마을 구조, 6. 양자, 7. 아들 선호 사상 등 일곱

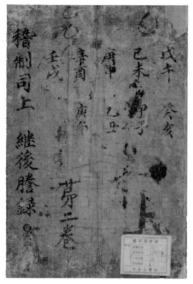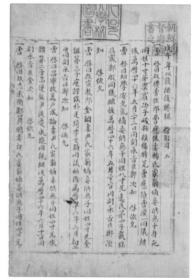

《계후등록》

가지를 이야기한 바 있습니다. 이 장에서는 입양 제도의 변화와 이것이 숨 막힐 정도로 압도적인 아들 선호 사상에 어떤 영향을 미쳤는지를 이야기하고자 합니다.

내가 입양 제도의 변화를 연구할 때 사용한 핵심 문서는 족보,《계후등록》(繼後謄錄, 예조 계제사稽制司에서 양자의 허가증명서인 예사禮斜 발급 사실을 연도별로 기록한 책 - 옮긴이), 그리고 과거 시험 합격자 명부(특히 〈사마방목司馬榜目〉, 생원·진사 시험에 합격한 사람들의 명단 - 옮긴이) 등 세

가지였지요. 초기 족보에는 입양 사례가 거의 보이지 않습니다. 16세기에 간혹 보이다가 18세기부터 당사자가 죽은 이후 입양하는 사례가 나타나기 시작했지요! 이런 사후 입양은 조선 후기에 보편화되어 19세기에는 입양의 절반 정도가 사후 입양이었습니다. 그래서 그런 사람들을 양부가 죽은 후에 받아들인 양자라고 하여 백골양자(白骨養子)라고 부르지요. 정말 재미있는 표현입니다. 그러니까 산 사람의 양자로 들어가는 것이 아니라 이미 죽어 백골이 된 사람의 양자로 들어가는 것입니다.

물론 양자를 들이는 목적은 아들이 없는 사람이 자신의 제사를 지내 줄 사람을 아들로 삼는 것입니다. 그래서 실제로 양자 입양의 형태는 서양에서의 입양 형태와는 완전히 달랐지요. 서양에서는 부부가 아이가 있든 없든 아이를 입양해 키우는 데에 초점이 맞추어져 있습니다. 물론 생모가 직접 키울 형편이 되지 않는 아기를 입양하기도 하지요. 그리고 한 가족이 입양할 수 있는 자녀의 수도 말 그대로 제한이 없습니다. 나는 9명, 심지어 20명을 입양한 가족도 알고 있어요. 그리고 그들은 남자아이뿐만 아니라 여자아이도 입양합니다. 하지만 한국에서는 입양의 목적이 그들을 데려다 키우기 위함이 아니었지요. 실제로 입양된 사람들은 대부분 40~50세의 남자들이었습니다. 아시다시피 그 목적은 상속자를 들여서 아버지와 다른 조상들의 제사를 지내게 하는 것이었습니다. 그리고 횟수도 한 번밖에 허용되지 않았지요. 물론 입양되는 사람은 남성이어야 했고요. 따라서 입양의 목적과 기능이 모든 면에서 서양과 180도 다르므로 우리는 동서양의 두 관행에 같은 용어를 사용해서는 안 될 것입니다. 사실 조선에서는 양자를 들이는 것을 입양이 아니라 '계후'라고 불렀지요. 그리고 대를 잇기 위한 목적이었으므로 이들을 계후자라고 불렀습니다. 그리고 족보에는 주로 계자라고 표시되었지요. 물론 가끔 양자로 표기되기도 합니다.

초기 족보에는 계후자가 거의 보이지 않습니다. 그리고 최근 족보에서도 가계도의 초기에는 양자 입양이 거의 없지요. 그래서 무후(無後, 대를 이어갈 자손이 없음 – 옮긴이)라는 표현이 꽤 자주 나옵니다. 그런데 19세기에 들어서면서 계후자가 눈에 띄게 많이 나타납니다. 그리고 무후라는 표현은 거의 사라지지요.

입양 연구에서 내가 연구한 문서에는 족보 외에 예조가 작성한《계후등록》이라는 문서가 있습니다. 육조의 하나인 예조는 오늘날 교육부에 해당한다고 할 수 있으나 교육 외에 외교, 의식, 제사 등도 관할했기 때문에 가족 재산상속이나 그와 관련한 분쟁도 예조 관할이었지요. 따라서 계후자를 세우려는 사람은 예조를 통해 왕의 허락을 받아야 했습니다. 왕의 허락까지 말이지요!! 물론 계후자 신청을 받고 결정하는 곳은 예조이지만 말입니다.

조선 시대의 법전인《경국대전》에 따르면 "妻妾俱無子(처첩구무자)"일 경우에만 입양(입후)할 가능성이 있습니다. 그럴 때 예조를 통해 신청할 수 있는 것입니다. 그리하여《계후등록》에 첩의 아들이 있으면 입양할 수 없지만 조선 중기에 오면 이것이 무시됩니다. 서자가 있어도 입양하는 일이 흔했습니다.

예조가 신청을 받아들이면 양자를 허락하는 증명서를 발급하고 그 개요를 《계후등록》에 기재합니다. 양자 증명서는 입양의 모든 당사자가 양자 신청에 동의하는 진술서를 제출했다는 내용이 들어 있을 정도로 매우 상세하고 정형화되어 있었지요. 신청 당사자는 주로 '아내나 첩이 낳은 상속인이 없는 남자'였지만, 그 당사자가 죽으면 그의 아내가 대신 신청할 수도 있었습니다. 그리고 물론 양자가 될 본인과 그의 친아버지, 그리고 문중의 어른들도 동의해야 했고요. 그래서 양자 증명서에는 이 모든 사람의 이름이 매우 정형화되어 기재됐고 이들 모두가 양자 입양에 동의했다는 진술서를 예조에 제출해야 했습니다. 현대어로는 이를 입양이라고 하지만 당시에는 입후(入後, 양자로 들어감/立後, 양자를 세움)라고 표현했지요.

'아내나 첩이 아들을 낳지 못한 사람들'이라는 표현은 흥미롭지만 문제가 있는 표현입니다. 조선 시대 초기에도 첩에게서 태어난 아들을 상속자로 주장할 수는 없었습니다. 그런 아들들을 서자라고 했는데, 이들은 할 수 있는 일이 제한되었습니다. 과거 시험 응시도 제한되었지요. (중국에서는 사회계층을 막론하고 제한 없이 누구나 과거 시험에 응시할 수 있었습니다. 이처럼 가난한 집 출신 소년이라도 열심히 공부하면 과거 시험에 합격할 수 있다는 이상을 '통나무집 신화'라고 불렀습니다. 하지만 한국은 중국과 달리 서자가 과거에 응시하기 위해서는 사조四祖를 등록해야 했지요. 그러니까 아버지, 할아버지, 증조할아버지, 그리고 외할아버지의 신분을 조회해서 과거 시험 응시자가 사대부 또는 선비 집안 출신인지 확인했습니다.) 율곡은 첩의 아들인 서자를 자신의 상속자로 주장한 것으로도 유명합니다. 당시에 그런 주장을 한 사람은 거의 없었으니까요. 족보에는 상속인 아들은, 아버지를 계승해 조상의 제사를 받드는 중요한 위치에 있는 사람이라는 의미로 승중(承重)이라고 표시됩니다. 율곡 시대 이후에도 서자를 상속인으로 내세우는 사람은 거의 없었지요. 서자에 대한 편견은 점점 더 강해졌습니다.

그러면 조선 시대에 서자도 과거 시험을 볼 수 있었을까요? 많은 역사책에서는 서자들이 과거 시험을 볼 수 없었다고 말하지만 그것은 사실이 아닙니다. 서자도 과거 시험을 치를 수 있도록 특별히 허락한 경우가 두 번 있었는데, 하나는 국가의 허통(許通) 정책 및 자발적인 허통 운동이었고, 다른 하나는 업유(業儒, 서자로서 유학을 공부하는 사람 - 옮긴이)였지요. 그러나 두 운동 모두 실패로 돌아갔고 결국 서자는 양반 가문의 적절한 상속자로 인정받지 못했기 때문에 사람들은 양자를 들여야 했습니다!

《계후등록》에서 또 다른 흥미로운 점은 족보처럼 시간이 지나면서 그 내용이 변화하고 있다는 것입니다. 우선 문장(門長, 문중의 어른들)의 구성에 관한 내용인데요. 《계후등록》은 1618년부터 1860년대까지 작성되었습니다. 첫 번째 본에 '1권'이라고 표시된 걸 보면 '1권'은 없어진 것으로 보입니다. 아마도 임진왜란(壬辰倭亂) 때 소실되었겠지요. 어쨌든 '2권'은 1618년의 기재로 시작됩니다. 17세기 초까지만 해도 '문중 어른'에는 서로 다른 두세 개의 성씨가 포함되어 있습니다. 실제로 이 문서에는 《경국대전》에서 따온 '양변문장'(兩邊門長)이라는 말이 나옵니다. 이는 바로 남편 문중의 대표와 부인 문중의 대표를 의미합니다.

예를 들어 김씨 성을 가진 사람이 계후자를 요청하는 경우, 문장에는 본인의 성인 김씨와 함께 부인의 성씨인 정씨, 또는 백씨, 또는 윤씨가 모두 기재되지요. 또 최씨의 아내가 계후자 요청을 하는 경우(그녀의 성이 권씨라면) 문장에는 최씨와 권씨가 모두 기재됩니다. 그러니까 17세기 초만 해도 남편과 부인 양가가 동등하게 취급되었으며 가정에서 아내의 지위가 두드러졌다는 것을 분명히 알 수 있지요. 그런 평등한 대우가 17세기 말 이후 부계 가족제도가 강해지면서 변하게 된 것입니다.

이후 《계후등록》에서 '양변문장'이라는 말은 그대로 사용되었지만 의미는 완전히 바뀌었지요. 해당 가족을 입양한 쪽과 그가 태어난 쪽을 의미하는 뜻으로 '양변문장'을 해석하기 시작한 것입니다. 그리고 입양된 사람은 본래의 성을 버리고 입양한 아버지의 성과 같아지게 되지요. 여기서 또 한 번 가족제도가 크게 후퇴하게 되는데, 입양한 가문의 어른이 양쪽(입양한 쪽과 입양된 쪽)을 모두 대표하면서 하나의 성씨만 이어지게 되는 것입니다.

《계후등록》에서 볼 수 있는 또 다른 경향은 먼 친척에서 양자를 들이는 경우가 점점 더 많아지고 있다는 점입니다. 초기에는 양부와 친부가 형제 또는 사촌 간이었지요. 그러나 시간이 지나면서 점점 더 먼 친척, 즉 10촌, 심지어 20촌에서 양자를 들이는 사례가 나타나기 시작했습니다.

보다 먼 친척으로부터 양자를 받아들이게 되면서 《계후등록》에서도 가까운 친척으로부터 양자를 들이는 사례가 크게 줄어들었습니다. 가까운 친척(아마도 8촌 이내)에서 양자를 들이면 "예조에까지 가지 말고 그냥 그렇게 해!"라고 했겠지만, 먼 친척에게서 양자를 들일 경우 신원을 확인하기 위해서는 예조를 통해야만 안전하게 검증을 받을 수 있다고 생각한 것 같습니다.

왜 먼 친척을 양자로 입양했을까요? 그 해답은 친일 쿠데타로 알려진 갑신정변의 주인공 김옥균에게서 찾을 수 있을 것 같습니다. 그는 고종에게 영향을 미치려는 명성황후의 오빠들을 암살하려고 시도했지요. 김옥균은 문과에 합격했는데 역시 문과에 합격한 아버지의 26촌 되는 친척의 양자로 들어갔습니다. 그러니까 조선 후기에 먼 친척으로부터 양자를 입양한 것은 일종의 인재 발굴 차원이었던 것 같습니다. 즉 문중의 유복한 가정에서 비슷한 능력을 갖춘 상속인을 찾으려 할 때 과거 급제는 미래의 능력을 보여주는 가장 좋은 지표 중 하나였을 테니까요. (다시 말하지만 이는 이른바 명망을 중시하는 한국인의 성향입니다. 이에 관해서는 이 책의 다른 장에서 다룰 것입니다.)

입양 연구에서 내가 참조한 세 번째 문서는 〈사마방목〉입니다. 사마 시는 두 부분으로 나뉘지요. 응시자는 생원 시험과 진사 시험 중 하나를 볼 수 있습니다. 그러나 자신을 과시하고 싶거나 재능을 뽐내고 싶고 정말로 자신 있는 사람들은 두 시험을 다 보기도 했지요. (율곡은 두 시험을 다 보았을 뿐 아니라 그 상급 시험인 문과 시험에도 합격했지요. 그는 이 모든 시험에서 1등인 장원을 차지했습니다. 너무 지나친 자랑이었을까요!)

모든 방목에는 합격자의 이름, 성씨, 본관, 아호(雅號), 생년월일, 거주지, 아버지의 이름과 사회적 지위, (양자인 경우) 생부의 이름과 사회적 지위, 형제 이름, 부모 중 어느 쪽의 생사 여부(이는 합격자가 부모의 애도 기간인 3년을 마치고 상복을 벗었는지를 확인하는 표시다) 등이 기재되어 있습니다. 아버지와 생부의 이름이 모두 기재되어 있다면 시험 합격자가 양자로 입양된 사람임을 나타내지요. 따라서 아버지 이름만 기재되어 있다면 그 합격자는 입양된 양자가 아니라는 의미이지만 아버지의 이름과 생부의 이름이 모두 기재되어 있다면 그 아버지는 그 합격자를 입양한 양부이며 생부는 따로 있다는 의미입니다.

방목을 보면 초기 기록에서는 '생부'가 거의 나타나지 않습니다. 그러나 시간이 지나면서 그 수가 많아져 시험 합격자의 약 15%가 계후자의 범주에 속했지요. 조선 시대 〈사마방목〉을 조사한 결과를 차트로 만들어보았습니다. 내가 이 연구에 〈사마방목〉을 참조한 이유는 3년마다 생원 시험과 진사 시험에 각각 100명씩 합격자가 나왔기 때문이지요. 문과 시험도 3년마다 33명이 합격하는 것으로 되어 있지만 매년 한두 차례의 특별 시험(별시, 증광시, 알성시 등)이 있었고, 합격자 수도 33명에서 7명으로 들쭉날쭉(그 사이의 홀수)했습니다. 그래서 편의상 양자의 비율을 계산하기 위해 사마 시험 합격자 명부인 〈사마방목〉만 참조한 것입니다. (내가 게으르다는 걸 잘 알고 있습니다. 나중에 젊은 학자가 나와서 모든 시험 합격자 명부를 조사할 수 있겠지요.)

자, 세 개의 차트를 봅시다. 첫 번째 차트는 조선 왕조 전체에 걸쳐 사마시에 합격한 사람들 중 입양된 양자의 수가 꾸준히 증가했음을 보여줍니다. 초기에는 양자가 거의 없었지만 조선 말기에는 합격자의 거의 15%를 차지했지요. 특히 17세기에 급격하게 증가한 사실을 볼 수 있습니다.

두 번째 차트는 상속에 관한 연구에서 나온 것인데요. 역시 17세기 말에 여성의 상속권이 급격하게 감소했음을 볼 수 있습니다.

세 번째 차트는 이 두 차트를 합친 것입니다. 비록 문중 내에서 상속자를 입양하는 것이지만 17세기 말에 여성의 상속권 감소와 남성의 상속권 승계가 교차하는 것을 볼 수 있습니다.

지금까지 조선이 부계 사회의 확립을 유교의 정통으로 받아들인 7가지 특징(1. 상속, 2. 제사, 3. 족보, 4. 결혼, 5. 마을 구조, 6. 양자, 7. 아들 선호 사상) 중 여섯 번째인 양자 문제를 다루었습니다. 이제 마지막으로 일곱

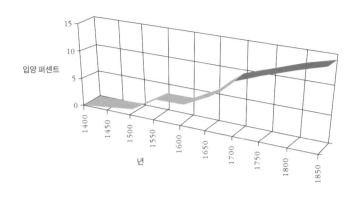

년

입양 증가

번째 특징인 아들 선호 사상을 간단히 다뤄보고자 합니다. 아들을 얻기 위한 남다른 노력이 이와 같은 입양 통계에 반영되어 있음은 두말할 나위가 없겠지요. 하지만 나는 조선의 아들 선호 사상은 단순한 양자 입양 이상의 문제라고 생각합니다. 사실 양자 입양은 아들 선호 사상의 일부가 표출된 것뿐이지요. 아들 선호는 양자 입양보다 훨씬 더 큰 문제입니다. 양자 입양도 아들을 선호했기 때문에 생긴 관행이니까요.

조선 초기에는 딸들도 가족 재산의 상속자가 될 수 있었으므로 우리는 《조선왕조실록》에서 여성의 입양 사례도 어렵지 않게 찾아볼 수 있습니다. 그러나 시간이 지나면서 딸들의 상속권이 사라졌고, 딸들은 더 이상 제사도 주관할 수 없게 되었으며, 결혼도 더 이상 신부의 집이나

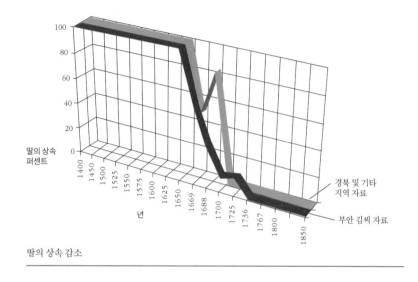

딸의 상속
퍼센트

1400
1450
1500
1525
1550
1575
1600
1625
1650
1669
1688
1700
1725
1736
1767
1800
1850

년

경북 및 기타
지역 자료

부안 김씨 자료

딸의 상속 감소

마을에서 거행되지 않았고, 남성 위주의 단일 성씨 마을이 형성되었지요. 이 모든 변화로 남성은 어찌 됐건 아들이 있어야 했습니다. 그리고 아들을 낳는 것이 여자의 의무가 되었지요. 그래서 낳은 아기가 딸이면 그 여성(어머니)이 슬퍼하는 웃지 못할 상황이 벌어지기도 했습니다. 그 여성은 아내로서 실패했다고 보는 것이지요! 이 모든 일화가 바로 아들 선호 사상을 보여주는 척도라고 할 수 있습니다.

또 전해지는 민담에는 여성들이 얼마나 아들을 낳고 싶어 했는지를 보여주는 이야기들이 많이 있습니다. 예를 들어 여성들이 돌부처의 코를 긁어모은 작은 돌가루나 모래를 음식에 넣어 먹으면 아들을 낳는다

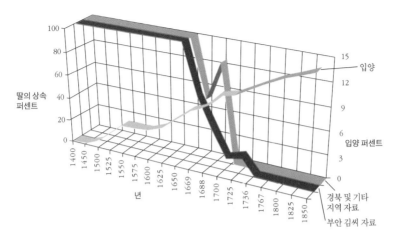

딸의 상속
퍼센트

입양

입양 퍼센트

년

경북 및 기타
지역 자료

부안 김씨 자료

딸의 상속 감소와 아들 입양 증가의 관계

고 믿었지요. 또 유교에서는 칠거지악(七去之惡)이라고 해서 아내와 이 혼할 수 있는 일곱 가지 이유를 들고 있는데, 그 중 첫 번째가 바로 아들을 낳지 못하는 것이었습니다. 반면 삼불거(三不去)라고 해서 이혼에 반 대할 수 있는 세 가지 근거 중 첫 번째가 바로 아들을 낳은 것이었지요.

이런 아들 선호 사상 때문에 남선여후(男先女後, 'lady first'의 반대)라 는 우스꽝스러운 남성 지배 사고가 생겨났습니다. 내 미국인 아내는 나의 한국 생활 15년 중 12년 동안 나와 함께 살았는데(결혼하기 전 3년은 나 혼자 한국에서 살았습니다) 'lady first'에 익숙하여 남성과 동시에 문 앞에 도착하면 항상 여성이 먼저 문을 통과해야 한다고 생각했지요. 그러다가 남성들에게 발을 밟히거나 때로는 남성들로부터 몸이 밀쳐지면서 한국에서는 남성이 먼저 문을 통과한다는 것을 알게 되었습니다. 족보에서도 출생 순서와 상관없이 남성이 여성보다 먼저 기재되거나, 남성 계보만 기록되고 여성 계보가 축약되는 것도 남선여후 사고를 보여주는 것이지요.

아들 선호 사상을 보여주는 사례는 이외에도 많습니다. 나는 그것이 조선 후기인 18세기와 19세기에 중국식 유교를 정통으로 받아들이는 이른바 사대주의의 영향으로 조선 사회가 부계 사회로 변모하면서 생겨난 일곱 가지 특징 중 하나라고 생각합니다.

•

To say "adoption" for the traditional system of obtaining

a son is a misleading term if you are thinking of the

Western system of taking care of a baby because Korean

"adopted" sons were usually forty or fifty years old.

한국의 '입양 제도'에서 '양자'는 대개 40세나 50세 때가 되어

서나 들이기 때문에, 서양에서 전통적으로 아들을 '입양'하는

제도를 생각한다면 오해의 소지가 있는 용어다.

3부

문치와 선비 문화,
한국사의 아름다움

The Frog Outside the Well

1장

한국, 문치의 나라

Q   교수님께서는 선비와 사무라이를 비교하면서 한국이 과거 시험 제도를 통해 관리를 등용한 오랜 전통이 있다고 말씀하셨는데요. 하지만 군 지도자들도 있었고 무과 시험도 있었습니다. 그런데도 군부 또는 무인(武人)들이 정부를 장악하지 않은 요인은 무엇이라고 보시는지요? 그러니까 한국에서 어떻게 문치가 자리를 잡게 되었다고 생각하시는지요?

A   매우 흥미로운 질문입니다. 무엇보다 분명한 사실은, 한국은 거의 천 년 동안 시험 제도를 통해 우수한 인재를 강력한 관리로 등용시켜왔다는 것입니다. 그리고 오랜 기간 지속된 왕조들이 모두 군부가 아니라 선비, 즉 문치하에 있었다는 사실이지요. 지금 하신 질문은

그 이유가 무엇이냐 하는 건데, 매우 흥미로운 질문입니다.

무엇보다도 한국은 앞서 고려 시대에 최씨 가문 장군들이 권력을 장악했던 군부 정권의 실패에서 교훈을 얻었다고 볼 수 있습니다. 군부 정권은 잘못된 것이며 국가에 전혀 득이 되지 않음을 깨달은 것이지요. 고려 후기와 조선의 지도자들이 일본 역사를 많이 공부했는지는 모르겠지만 그들은 왕을 왕위에 그대로 둔 채 최씨가 권력을 장악한 군부 정권이, 천황을 그대로 둔 채 쇼군(將軍)이 정권을 장악한 막부(幕府) 시대와 매우 비슷하다는 것을 알았을 것입니다. 한국은 군부 정권이 장기적으로 지속시키고 싶은 정부 형태가 아님을 일찍이 깨달은 것이지요.

그리고 최씨 무신 정권 이후 몽골의 군사적 침입이 일어났으나 한국은 몽골이 중국 역사에서 잠시 지나가는 정권, 즉 문제가 많기 때문에 단명으로 끝날 국가라는 것을 예측하였습니다. 그래서 한국인과 중국인들은, 단지 무력으로 권력을 장악한 정부는 오래 지속되는 안정적인 통치가 되지 못할 것이라고 백성들에게 가르쳤지요.

또 군부에 어느 정도의 권력을 부여해야만 군부를 효율적으로 통제할 수 있다는 내부적인 역학관계도 어느 정도 간파했을 것입니다. 고려 시대의 최씨 무신 정권 경험은 정부가 문과 무의 균형을 어떻게 이뤄야 하는지에 대해 눈을 뜨는 계기가 되었지요. 문관이 장군을 조롱하고 심지어 그들의 수염에 불을 붙인 것이 최씨 장군들의 군사 쿠데타를 촉발시켰다는 점을 기억해보세요. 사실 무신 정권 시대를 연 장본인은 정중부였습니다. 정중부는 권력을 장악한 여러 명의 장군 중 한 명이었지만 왕을 왕위에 그대로 남겨두었지요. 이후 최충헌으로부터 시작해 최씨 가문이 4대에 걸쳐 정권을 장악했고, 이들의 시대는 몽골이 침입할 때까지 계속되었습니다. 결국 군 수뇌부 내에서 일어난 혼란과 유혈사태는 후대 한국의 지도자들에게 좋지 않은 인상을 남겼지요. 그런 식으로 국가를 통치할 수는 없었습니다. 일본은 정권을 장악하기 위해 피비린내 나는 싸움을 계속하면서 그런 싸움을 당연히 생각했겠지만, 한국인들에게 그런 유혈사태는 더 이상 용납될 수 없었습니다. 마침내 이성계 장군이 정권을 잡고 고려 왕조를 끝냈을 때 그는 문민 지도자들에 의해 오래 지속될 문민정부를 꿈꾸었지요. 이것은 한국 역사에서 가장 중요한 전환점 중 하나였습니다. 결국 조선 왕조는 고려 시대처럼 무인들이 일으킨 반란과 혼란에 시달리지 않을 수 있었던 것이지요.

조선 조정은 군부에 대해 명예로운 자리를 보장했을 뿐 아니라, 문관이 무관을 조롱하지 못하게 했습니다. 하지만 문무의 균형은 언제든 깨질 수 있지요. 고려 시대의 근본적인 문제는 권력을 장악하고 있던 문관들이 무관을 홀대했다는 것이었습니다. 김부식의 아들인 김돈중이 정중부를 조롱하고 그의 수염에 불을 붙이는 일까지 벌어지면서 문무의 균형 관계를 최악의 상황으로 만들어버렸으니까요. 김부식은 학자 출신의 문관이었지만 묘청이 평양에서 반란을 일으켰을 때 장군으로 임명되어 병권을 부여받고 반란 진압에 앞장서게 되었습니다. 이는 당시 고려 조정의 무인에 대한 불신이 그만큼 컸다는 것을 보여줍니다. 사실 150년 전에도 문관이 장군이 된 사례가 있었습니다. 바로 그 유명한 강감찬 장군이지요. 이처럼 고려는 전시든 평시든 문관을 우대했고 무관의 역할을 홀대하는 선례를 만들고 있었습니다. 조선은 바로 고려의 그런 실수로부터 교훈을 얻은 것이지요.

조선 시대에 문관과 문과 시험이 중요하다는 생각은 분명했으나 그렇다고 해서 무관과 무과 시험을 경시한 것은 아니었습니다. 실제로 문과나 무과 어느 한쪽 시험에 합격하기만 하면 양쪽 모두에서 관리로 등용되었고 '양반'으로 간주하였으니까요. 양반이라는 말은 오늘날까지도 널리 사용되는 말이지요. 단지 호칭으로만 무관을 문관과 동등하게 부른 것이 아니라, 실제 운영상에서도 군(郡) 행정직의 절반을 무관으로 임명했습니다. 국경지대나 군사 지역의 군만 그런 것이 아니라 모든 군이 마찬가지였습니다. 또 무관이 행정직에 임명되면 더 높은 문관직으로까지 올라갈 수 있었지요. 실제로 그렇게 해서 정승까지 오른 사례도 있습니다. 이런 식으로 조선은 무관을 권력 중심부에 둠으로써 지위에 대한 그들의 욕구를 만족시켰고, 군부와 문치 간의 균형을 유지할 수 있었습니다.

조선의 이와 같은 통치 방식은 세계의 여타 정부들과는 다르다고 할 수 있습니다. 우선 가까운 일본의 경우는 사무라이 전사들이 권력을 장악하고 있었지요. 중국은 겉으로는 군부보다 문치를 숭상했지만 실제로는 그 반대인 경우가 많았습니다. 서기 17년 진나라와 서기 30년 수나라는 군부가 정권을 장악하고 통치한 나라들입니다. 하지만 한국은 단기간이라도 군사적 왕조가 출현한 적이 없지요. 또 중국인들은 여진, 거란, 몽골, 만주 등 외세 군부의 침략과 지배에 시달렸습니다. 반면 한국은 몽골을 제외하고는 외세의 침략을 모두 물리치고 정부를 지켜냈지요. 물론 몽골조차도 한국의 왕을 교체하지 않았고, 비록 사위 나라로 삼기는 했지만 한국의 왕조를 그대로 인정해주었습니다.

한국이 문무의 균형적 통치를 성공적으로 유지할 수 있었던 비결은 군을 집권 세력에 확실하게 포함시켰다는 것이었습니다. 문과 시험이나 무과 시험에 합격한 관리를 모두 '양반'이라고 불렀고 그것을 대궐 앞에 있는 돌에도 새겨놓았습니다! 동쪽에는 문관들 표석이 계급별로 맨 뒤 9품에서 맨 앞 1품까지 세워져 있고, 서쪽에는 무관들 표석이 역시 9품에서 1품까지 세워져 있습니다. 장군의 수염에 불을 붙이며 군을 조롱하는 일은 더 이상 일어날 수 없었지요. 조선은 그렇게 문무의 균형을 유지했습니다.

한국은 또한 중국인들이 하지 못했던 또 다른 중요한 방식으로 문치를 유지했습니다. 그것은 바로 환관(내시)에 대한 통제였지요. 환관 문제는 문민 분리와는 성격이 좀 다른 문제이고 한국에서는 전혀 문제가 되지 않았지만, 나는 한국이 그렇게 할 수 있었던 것도 중국이 저지른 실수를 반복하지 않는 법을 배웠기 때문이라는 점을 언급하고자 합니다. 중국은 때때로 궁정의 내시 무리들에게 문치 권력을 빼앗긴 적이 있지요. 그러니까 왕세자가 어릴 때부터 궁에서 홀로 외롭게 자랐기 때문에 궁 안에서 볼 수 있는 유일한 소년들이 환관들이었고, 나중에 황제가 되어서도 그들만 믿을 수 있는 친구로 신뢰하게 되었다는 게 그 이론적 배경입니다. 중국에서는 환관들의 권력이 막강했습니다. 이는 황제가 다른 가족들이나 신하들이 자신을 독살시키려 한다는 두려움이 있어서 그들보다 환관들을 더 신뢰했기 때문이지요. 어쨌든 중국 황제는 환관들만 신뢰했습니다.

심지어 국정 운영을 아예 환관들에게 넘긴 황제들도 있었지요. 아마도 그중 가장 유명한 사람은 명나라 13대 황제인 만력제(萬曆帝)일 것입니다. 그는 일본의 도요토미 히데요시가 1592년(임진년)에 한국을 침략했던 중요한 시기에 명나라의 황제였지요. 아마도 중국 역사상 최악의 황제로 기억될 것입니다. 완전히 주색에 빠졌고, 정사에는 무관심했으며, 물론 인접국인 한국이나 일본에 대해서도 무관심했지요. 그는 술, 여자, 노래 그리고 음식에만 정신이 팔린 상태였었습니다. 몸무게가 무려 400파운드(200kg)나 나갈 정도로 너무 뚱뚱하고 게을러서 일어서고 걷는 기본적인 육체적 행동에서조차 도움을 받았다고 합니다. 일본이 한국을 침략했다는 사실을 보고받고도 만력제는 "오늘 오후 간식은 무엇이냐?", "오후 술자리 할 때가 되지 않았느냐?" 따위의 질문만 했다고 하지요. 한국과 일본 문제는 환관들에게 '알아서 하라'고 하면서 말입니다.

물론 한국 대궐에도 환관들이 있었지만 중국처럼 통제 불능 대상은 아니었지요. 중국과 한국뿐 아니라 다른 나라에도 환관 제도가 있었습니다. 성경에도 환관 이야기가 나오니까요. 하지만 성경의 환관은 강력한 힘을 가지고 있지만 예루살렘의 예수에게서 나온 새로운 가르침에 관심이 있는 사람으로 묘사되어 있지요(사도행전 8:26~35). 유럽에서도 1800년대 말까지 환관은 테스토스테론(고환에서 추출되는 남성 호르몬 – 옮긴이)이 없어서 목소리가 변하지 않기 때문에 고음을 낼 수 있는 오페라 가수로 등장하기도 합니다. 그들 중 몇몇은 팝스타까지 되어 돈도 많이 벌고 존경도 받았지요. 궁핍한 농민들은 가난을 벗어나려는 방편으로 사춘기 전 아들을 비엔나나 밀라노에 있는 오페라단에 팔아버릴 기회를 찾기도 했습니다. 그런 남자아이들은 대개 키가 크고 가슴이 큰 경향이 있었는데, 이는 아시아의 환관들이 왜소하고 가냘프게 묘사되는 것과는 다른 모습입니다. 내가 조사한 통계에 따르면 한국의 환관들은 대개 다른 관리들보다, 그리고 왕보다 더 오래 살았습니다. 그러니 한국에서 장수를 원한다면 왕보다 내시가 되는 것이 더 낫겠지요!

여담이고, 본론으로 돌아가서 문제의 핵심은 한국의 조정은 문민에 의한 통치였다는 것입니다. 그리고 앞 장에서 언급한 바와 같이 그 핵심은 선비 정신이었지요. 한국에서 양반이란 말이 문관과 무관을 모두 지칭하는 말이라 나는 그동안 양반이라는 말을 많이 썼습니다만 이제 결론적으로는 양반 대신 선비라는 말을 사용하고자 합니다. 선비는 흔히 학자로 번역되지만 실제로는 무과 시험에 합격한 무관들에게도 사용되었지요. 무관들도 활쏘기, 말타기, 검술 같은 군사 기술뿐 아니라 문장 시험을 보았으니까요.

나는 《조선왕조실록》을 읽다가 세조 때 일어난 사건에서 아주 특이한 점을 발견했습니다. 물론 세조는 '힘이 곧 정의다'라는 생각을 추구하며 아마도 세련된 통치 기술을 그다지 존중하지 않는 사람이었을 겁니다. 실록에도 세조가 한 무관을 매우 좋아해서 그를 장군으로 승진시키고 싶어 했다는 기록이 있지요. 그 사람은 거란에서 온 망명자였습니다. 한국으로 넘어온 그는 키가 무척 크고 아주 강하다고 묘사되어 있습니다. 세조가 참관한 가운데 무과 시험을 치렀는데, 모든 군사 기술이 아주 뛰어났지만 문장 시험에서는 실력이 크게 부족했습니다. 그때 세조가 직접 끼어들어 몇 가지 질문을 하겠다고 말했지요. 세조는 《손자병법》에 대해 몇 가지 질문했지만 그 거란인은 아무것도 몰랐습니다. 세조가 다시 그에게 몇 가지 병법을 물었지만 그 거란인은 역시 대답하지 못했지요. 그러자 이번에는 세조가 이렇게 물었습니다. "그대가 전쟁터에 나가 있는데 누군가가 전열에서 물러난다면 어떻게 하겠는가?" 그러자 그 거란인은 이렇게 대답했습니다. "바로 목을 벨 것입니다." 세조가 소리쳤지요. "자네, 합격일세."

나는 세조의 이런 일화는 매우 예외적인 이야기라고 생각합니다. 무과 시험에 대한 기록을 읽어보면 무과 시험은 특히 전쟁이나 위기에 처했을 때 더욱 중시되었다고 합니다. 무과 시험은 보통 33명의 합격자를 배출하는 문과 시험과는 달리 매년 치르는 특별 시험(별시, 증광시, 알성시)도 거의 없었습니다. 3년마다 한 번씩 치르며 항상 생원 100명, 진사 100명의 합격자를 뽑는 사마시와도 달라서 때로는 10명 미만, 때로는 100명을 뽑는 등 선발 인원이 매우 들쑥날쑥했습니다. 그러나 중요한 점은 무관을 뽑는 것도 문민 체제의 일환이었다는 것이지요. 조직도에서 보면 동관, 즉 문관 서열이 먼저 언급되고, 다음에 무관 서열인 서관이 이어집니다. 조선 시대에서는 이렇게 문무의 균형이 잘 맞추어져 있었지요(문관에 대한 약간의 선호가 있긴 하지만 말입니다).

이는 통치, 권력, 왕조의 변경 등 모든 것이 무력으로 이루어졌던 일본의 관행과는 매우 다른 모습입니다. 페리 제독이 요코하마에 상륙한 이후 급속히 근대화되면서 일본은 군주제 말기에 한국보다 훨씬 더 강력했습니다. 일본이 한국을 점령하고 한국의 식민지 역사가 시작되면서 한국은 그런 균형을 잃은 것처럼 보였지요. 일본이 한국을 허약하고 낡은 군사력을 가진 나라로 보이게 만들었기 때문입니다. 하지만 그것은 사실이 아니지요. 만약 한국이 스스로 현대화의 길을 걸었더라면 강력한 군대를 지닌 민주 정부가 되었을 것입니다. 일본은 한국의 모든 것을 파괴했습니다. 일본의 한국 점령은 한국인에게 굴욕이었을 뿐만 아니라, 문무 간 세력 균형의 상징인 '양반'을 포함해 한국의 모든 위대한 것들을 왜곡시켰지요.

　20세기 한국을 연구하는 사람들은 박정희-전두환 시대를 고려 중기의 최씨 무신 정권처럼 한국 역사의 일탈로 보고 있습니다. 하와이대학교의 네드 슐츠(Ned Shultz)의 연구가 생각납니다. 그는 한국의 군사 정권 치하에서도 민간 지도자가 그 가치를 충분히 발휘했다고 보았지요. 박정희 대통령은 나라를 이끌어가는 데 남덕우를 비롯한 민간 관리들에게 크게 의존했습니다. 그리고 이제 한국은 세계의 모범이 될 만한 수준의 민주주의 발전을 이룩했습니다. 더 이상 군사 쿠데타는 없을 것입니다. 그러나 한국은 국방을 위해 강력한 군대를 가지고 있지요. 그리고 민주주의도 보수에서 벗어나 좀 더 자유로워지며 더 건강해지고 있습니다. 물론 완전한 문치이지요. 한국은 역사의 유산에 충실하며 현대판 선비가 통치하는 나라가 되었습니다.

Words of The Frog Outside the Well
우물 밖의 개구리의 한마디

•

One of the more remarkable things about Korean government over the last thousand years is that they maintained a balance between the "yangban" — the civilian officials (munban) and the military officials (muban).

지난 천 년 동안 한국 정부체제를 볼 때 가장 주목할 만한 것은 양반, 즉 문관(문반)과 무관(무반) 사이의 균형을 유지했다는 점이다.

사무라이와는 다른
선비 문화

Q　　　교수님은 연구에서 선비 정신을 높이 평가하면서 한국을 선비의 나라라고 말씀하셨습니다. 하지만 한국의 선비 전통을 좋아하지 않는 사람들도 있습니다. 그들은 선비가 자신의 하인들이 노동하는 모습을 지켜보는 유명한 민속화를 그 예로 듭니다(김홍도의 풍속화 〈벼타작〉). 이렇게 선비에 대해 부정적인 생각을 하는 사람들이 그렇게 많은데, 교수님은 어떻게 선비가 한국의 좋은 본보기라고 주장하실 수 있는지요? 또 어떻게 하면 그런 사람들도 선비를 좋게 생각하도록 설득할 수 있을지요?

A　　　선비에 대해 긍정적이지 않은 생각이 있다는 것은 잘 알고 있습니다. 사실 그런 생각은 단지 그림 하나의 문제가 아니지요. 유교

김홍도의 〈벼타작〉

는 물론, 족보라고 불리는 양반 가족 기록에 대해서도 그와 유사하게 부정적인 태도가 있습니다. 나는 그런 모든 부정적인 태도와 상대해봤습니다만 결국 그 모든 부정적 생각은 알고 보면 하나의 같은 생각입니다. 우물 밖의 개구리의 관점에서 볼 때 그런 부정적인 태도는 재검토할 필요가 있다고 생각합니다.

예를 들어 한국의 핵심 이념은 유교였지만 17세기 후반 이후 유교는 많은 사람이 좋아하지 않는 억압적이고 남성 위주의 중국식 유교가 되어버렸습니다. 그러나 17세기 후반 이전의 유교는 여성을 억압하지 않았습니다. 예를 들어 여성도 동등한 상속권을 가지고 있었으니까요. 족보의 기록 방식도 17세기 말 이전에 행해졌던 팔고조도 방식으로 다시 작성되어야 합니다. 그리고 물론 선비에 대해서도 재평가할 필요가 있지요.

선비의 진정한 본질을 보여주는 가장 좋은 대조는 선비를 일본의 사무라이와 비교하는 것이라고 생각합니다. 일본 사무라이들은 무사들이었고, 그들은 일본 역사 대부분 기간에 사회의 이상이었지요. 이제 사무라이와 선비를 비교해봅시다.

한국 역사에서 주목할 만한 것 중 하나는, 한국은 무사, 기사, 검객같이 전사의 토대가 되는 제도인 봉건제도를 일찌감치 버렸다는 사실입니다. 한국은 봉건제 대신 중앙집권적인 국가체제를 발전시켰고, 지방 관직도 중앙정부가 임명했지요. 그리고 지역 권력 기반(군벌)이 성장해서 봉건 체제의 구축을 막기 위한 보호 장치가 마련되어 있었습니다.

또 정부의 관료들은 어떻게 채용되었습니까? 과거 시험, 그것도 문장 시험으로 선발했지요! 공직에 발탁된 이들은 칼의 힘을 빌려 남을 굴복시키는 사람들이 아니었습니다. 전혀 그렇지 않았지요! 오히려 최고의 문장을 쓸 수 있는 사람들이었습니다. 믿기 어렵겠지만 사실입니다! 말 그대로 '펜이 칼보다 강하다'는 사실을 그대로 보여주는 사회였습니다.

'우물 밖의' 관점에서 보면 이런 사실은 명백히 한국 역사의 위대함을 보여줍니다. 그러나 '우물 안' 관점에서는 '사무라이가 부럽다'라는 생각이 깔려 있었습니다. 이런 생각은 한국도 일본처럼 사무라이 같은 무사의 역사를 더 많이 가졌으면 하는 바람을 보여주는 것이지요. '사무라이가 부럽다'라는 생각이 과연 언제부터 생겨났을까요? 두말할 것도 없이 일본이 한국을 강제로 식민지로 삼았을 때였을 것입니다. 일본인들은 자신들의 '우월한' 체제와 봉건주의를 자랑하며 자신들이 최고라는 생각에 빠져 있었지요. 확실히 일본은 우월했습니다. 그들은 세계의 식민지를 개척한 유럽의 시스템을 그대로 받아들였고, 실제로 한국을 점령했기 때문에 분명히 우월해 보였지요. 그래서 많은 한국인들 사이에서 '사무라이가 부럽다'라는 생각이 어느 정도 생겨났을 것입니다. 부패하고 나약한 한국의 과거를 한탄하는 사람들까지 생겨났으니까요. 일본 육군사관학교를 졸업한 한 한국인은 한국이 고려 시대 어디쯤에서 '남자다움'을 잃었다고 말했다는군요.

안타깝게도 이런 생각은 오랜 기간 지속되면서 한국인 사이에서 고착되었습니다. '오, 일본처럼 되고 싶다!' 강자가 약자를 죽이며 왕조가 자주 바뀌고(쇼군 시대) 그 과정에서 강자는 외세와의 싸움에 준비가 되어 있는 나라! 하지만 그것이 한국의 진짜 문제는 아니었지요. 일본은 결코 군사, 경제, 역사 등 모든 면에서 한국보다 우월한 나라가 아니었으니까요!

다행히 시간이 지난 뒤 우리는 일본의 주장이 어리석은 것이었음을 알게 되었지요. 나는 전통 시대 말기(19세기 중반)의 일본 상황과 한국의 상황을 비교하는 것을 좋아합니다. 아시다시피 일본인들은 사무라이에게 의존했지요. 그러나 전통적인 질서가 무너졌을 때 사무라이는 어떻게 해야 할지 몰랐습니다. 그 유명한 47명의 로닌(浪人) 사건도 이때 일어났지요. 로닌은 주인을 잃은 사무라이를 말합니다. 47명의 로닌이 자결을 했고, 자결은 사무라이 전통의 역겨움을 보여주는 또 다른 고도의 의식으로 '하라키리'(腹切り) 또는 '세푸쿠'(切腹)라고 불렀지요. 이 얼마나 혐오스러운 일입니까! 그러나 이때 자결하지 않은 사람들이 사무라이들의 열정을 그대로 이어받아 훗날 전쟁을 도발했습니다. 이번에는 일본 국내에 국한하지 않고 대만, 중국, 러시아, 한국, 만주, 동남아까지 확전해나가더니 급기야 끔찍한 '난징 대학살'을 불러일으켰지요. 그리고 마침내 진주만을 공격했는데, 이것이 잠자는 거인 미국을 깨운 격이 되어 결국 사무라이의 전통을 완전히 끝내는 시발점이 되고 말았습니다.

반면 한국에서 전통적인 질서가 끝났을 때 선비들은 무엇을 했을까요? 물론 그들도 무엇을 해야 할지 몰랐지만 그래도 그들은 자신들에게 중요한 일을 했습니다. 바로 공부였지요. 일본이 칼의 힘으로 한국의 펜을 꺾은 것은 사실입니다! 하지만 그건 일시적이었지요! 이제 우리는 세계에서 식자율(識字率)이 가장 높고, 세계에서 고등학교 졸업률이 가장 높으며, 역시 세계에서 대학 졸업률이 가장 높은 뜨거운 학업열을 가진 국민들이 산업, 기술, 서비스 분야에서 선두를 이끌 준비가 되어 있는 나라 한국을 보고 있습니다. 한국은 또 엔터테인먼트 분야에서도 전형적인 '소프트 파워'를 과시하고 있습니다. 역시 펜은 칼보다 강하다는 진리를 한국이 여실히 보여주고 있습니다.

전통 시대에 선비의 전통이 얼마나 정열적인 삶이었는지 살펴봅시다. 당시에 젊은 남자가 할 수 있는 가장 중요한 일은 시험공부였지요. 젊은이가 성취할 수 있는 최대의 성공이 과거 시험에 합격하는 것이었으니까요. 과거 시험은 성공으로 가는 여러 길 중 하나가 아니라 성공으로 가는 유일한 길이었습니다. 사람들은 한국의 전통 사회가 좋은 사업 기회나 시장 문화가 없는 사회였다고 폄훼할지 모르지만 문관 시험을 치르기 위해 공부한다는 것 자체가 사무라이 사회보다는 훨씬 더 문명화된 사회였음을 보여주는 것입니다. 젊은이들에게 가장 중요한 시험이 무관이 아니라 문관이 되는 시험이었다는 것만 봐도 놀라울 일이지요. 두 번째로 중요한 시험이 군인이 되는 무과 시험이었고, 세 번째가 오늘날 중요시되는 시험들, 즉 법관, 의원(醫員), 산원(算員, 오늘날의 회계사 - 옮긴이), 과학자, 그리고 번역·통역관 시험이었습니다. 마지막 직업을 제외하고는 오늘날 세계에서 가장 높은 급여를 받는 직업들이라는 건 아이러니입니다.

한국의 전통적인 세계에서 시험은 인생 그 자체였습니다. 인생의 전부였지요! 조선 시대의 영웅들을 봅시다. 이순신 장군도 무과 시험에 합격했지요. 그러나 전통적인 한국인 대부분이 이순신보다 더 큰 영웅으로 간주하는 사람은 이순신의 먼 친척인 이율곡이었습니다(이순신과 이율곡은 모두 덕수 이씨 가문에 속합니다). 율곡은 어린 시절에 한국 역사에서 가장 유명한 여성으로 꼽히는 어머니 신사임당의 가르침을 받았지요. 그녀는 율곡을 너무나 잘 가르쳐서 율곡은 12살 때 첫 번째 시험인 사마시에 합격했습니다. 그것도 1등으로 말입니다. 그는 오늘날 석사 시험에 해당하는 두 시험, 즉 생원과 진사 시험, 박사 시험에 해당하는 문과 시험을 모두 치렀지요. 이 세 가지 시험은 각각 지역(초시), 국가(복시), 대궐(전시)의 세 단계로 치르게 되어 있는데, 그는 이 아홉 차례의 시험에서 모두 1등에 해당하는 장원으로 합격했습니다. 가히 천재라할 만하지요!

한국에서는 시험을 치르고 통과하는 것이 정부 관리가 되는 길이었습니다. 이를 일본 사무라이와 비교해보고, 그것이 얼마나 평화로운 이미지인지 생각해보십시오. 하지만 그것은 공부할 여유가 있는 사람들에게나 전적으로 가능한 생활 방식이었습니다. 물론 선비들이 노비라고 부르는 노동계급을 착취했다는 점을 잘 알고 있습니다. 하지만 수백 년 전의 전통 사회를 현대 세계의 기준으로 판단하는 것은 공평하다고 할 수 없습니다. 오늘의 기준으로 과거를 판단할 수는 없지요. (노비에 대해서는 나중에 더 살펴보겠습니다.)

전통 세계에서 한국인들은 유교 사상 공부와 시험공부, 그리고 다음 세대에게 시험공부를 가르치는 데 많은 시간을 할애했지요. 물론 이념에 지나치게 치우쳤고, 사회에는 여전히 불평등이 내재되어 있었던 것도 사실입니다. 다시 말하지만 현대 세계의 기준으로 전근대 세계를 판단할 수는 없습니다. 민주주의의 기준으로 군주제를 판단할 수는 없지요. 그러나 한국 군주제의 문명화된 중앙정부와 테러리즘, 야만성, 유혈 사태, 공포로 점철된 일본의 사무라이와 봉건 체제를 비교해볼 수는 있을 것입니다.

다시 한번 말하지만 전통 세계가 무너졌을 때 한국인들은 과연 어떻게 대처했습니까? 그들은 공부를 했습니다. 20세기 문학에는 이 과도기 시대의 학자들을 현실과 동떨어진 사람들이라고 조롱하는 장면이 종종 나오기도 합니다. 실제로 이 시기에 한국 사회는 유학자들을 조롱했고 오히려 경제학자, 과학자, 그리고 현대 실용 학문을 연구하는 사람들을 칭송했지요. 그리고 그런 실용 학문은 한국에서 마침내 결실을 맺게 됩니다.

오늘날 한국은 조선, 철강 생산, 자동차 제조업 등 중공업에서 세계를 선도하고 있습니다. 그러나 더 중요한 것은 첨단 통신 기술 분야의 발전입니다. 한국에서는 거의 모든 사람이 애플의 아이폰 아니면 삼성의 스마트폰을 사용합니다. 소니 전화기를 사용하는 사람은 아무도 없지요. 미국의 호텔들은 일본이나 중국산 TV를 구매하지 않습니다. 거의 전부가 LG(LG는 기업 철학을 담은 영화의 제목을 'Life's Good'이라고 붙였습니다)나 삼성 제품을 사용하지요. 한국은 〈블룸버그〉의 '혁신 국가' 목록에서 1위를 차지했고, 저작권 부문에서는 세계 4위에 올라있습니다. 엔터테인먼트도 한국이 역점을 두고 있는 주요 산업이지요. 한국은 이 분야에서도 뛰어난 성과를 보이고 있습니다.

나는 내 한국인 친구들에게 순전히 농담조로 한국에는 노벨상 수상자를 한 명밖에 배출하지 못했다고 말하지만(김대중 전 대통령의 노벨 평화상), 한국은 머지않아 문학과 과학 분야의 수상자를 배출할 것입니다. 기다려보세요. 사실 일본은 평화상 1명, 문학상 3명, 과학상 25명 등 총 29명의 노벨상 수상자를 배출했습니다. 굳이 이런 비교를 왜 하느냐고 생각하는 분도 계시겠지만 절대 나쁜 의도로 하는 말이 아닙니다! 언젠가는 한국이 일본을 따라잡을 것입니다. 한국이 인정받게 되는 날이 머지않아 올 것입니다. 기다려보세요.

일반적으로 '외국 영화' 부문으로 분류되는 자막이 붙은 영화로서는 최초로 아카데미 작품상을 수상한 한국 영화 〈기생충〉은 한국 사회의 계층 문제를 진지하고 영리하게 고찰한 영화지요. 한국에서 엔터테인먼트 산업은 매우 중요한 산업입니다. 한국이 이 산업에서 아주 성공적이고 훌륭한 창의성을 발휘하는 것은 당연한 일입니다.

그게 이 장의 주제인 선비와 무슨 상관이 있을까요? 모든 게 다 관련이 있지요! 한국의 창의성, 그러니까 최근 창의성의 영역에서 한국이 보여준 성공 역시 선비 전통의 일부라고 할 수 있으니까요.

선비는 한국 전통 중 최고라고 할 수 있습니다. 최근 역사에서 볼 수 있는 한국의 위대한 경제 성장을 이끈 것도 선비 정신이지요. 연세대학교 설립자인 언더우드(한국명 원두우) 선교사의 손자인 내 좋은 친구 호러스 G. 언더우드(한국명 원득한)는 "모든 사람이 한국의 위대한 경제 기적, 즉 '한강의 기적'에 대해 이야기하지만, 교육의 기적이 경제 기적보다 먼저다"라고 말하는 것을 좋아했습니다.

실제로 그 말이 진실이기도 하지요. 다시 말하지만 내 관점에서 볼 때 펜은 칼보다 강합니다.

게다가 한국은 국토가 반으로 갈라진 상태에서 이 모든 일을 해냈지요. 한국이 '일본이 저지른 전쟁 범죄에 대한 대가'를 대신 치르도록 요구받지 않았다면 얼마나 더 강력하고 성공적인 나라가 되었을지 상상해보세요. 제2차 세계대전이 끝난 후 한국이 왜 분단되었을까요? 유럽이라는 전쟁 무대에서는 전쟁을 일으킨 당사자인 독일이 분단되었는데 말입니다. 그러므로 태평양 전쟁 무대에서도 전후에 일본이 분단되었어야 했지요. 하지만 그렇게 되지 않았습니다! 미국은 맥아더 장군의 지휘 아래 일본을 우방 동맹으로 만들고 싶어 했지요. 그 결과 어느 나라가 소련에게 나라의 절반을 주었습니까? 일본의 첫 번째 희생자였던 한국이 다시 희생되었고, 그 결과 한국이 분열된 것입니다.

역사의 불공평함, 정의롭지 못했던 한국의 분단, 그리고 그 후에 일어난 한국 전쟁에도 한국은 다시 잿더미에서 불사조처럼 일어났고, 세계에서 가장 강력한 나라 중 하나로, 그리고 확실히 가장 흥미로운 나라 중 하나로 부상했습니다. 여기서 또 질문이 나오지요. 한국은 어떻게 그렇게 할 수 있었을까요? 정답은 바로 '선비 정신'입니다.

그러니 선비 전통을 폄훼하는 사람들이 있다면 선비의 전통에서 싫어하는 부분을 과감히 벗겨버리고 좋은 점을 간직하며 선비 전통의 좋은 측면을 앞으로 더 쌓아나가야 할 것입니다.

Words of The Frog Outside the Well
우물 밖의 개구리의 한마디

•

Comparing the "seonbi" of Korea to the "samurai" of Japan is a real revelation — it's a manifestation of the old saying, "The pen is mightier than the sword."

한국의 '선비'와 일본의 '사무라이'를 비교하는 것이야말로
한국과 일본을 진정으로 비교해볼 수 있는 대표적인 사례다.
그것은 '펜이 칼보다 강하다'라는 옛 속담의 진정한 구현이다.

3장

위대한 문자, 한글

Q   다른 사람의 유튜브 채널에서 하신 강의에서 해인사 팔만대장경, 최초의 금속활자, 금속활자로 인쇄된 가장 오래된 책인 《직지》 등 한국문화의 여러 창의적인 것들 중 대표적인 것으로 한글을 언급하셨지요. 그러면서 그런 발명품들을 각자 개별적인 성과로 보기보다는 한데 묶어 상호유기적으로 연관된 성과로 보아야 더 잘 이해할 수 있다고 말씀하셨습니다. 어떻게 그런 생각을 하게 되셨는지요?

A   한국은 세계 최초, 또는 세계 최고의 것들을 많이 가지고 있습니다. 나는 그것들을 모두 결합해서 봅니다. 이는 그것들이 각기 분리되어 있지 않고 완전히 상호 연결되어 있다는 것을 알았기 때문이

지요. 사실 그 모든 것들은 하나의 정신에 기반을 두고 있습니다. 바로 선비 정신이라는 한 가지 정신에서 우러나온 것이지요. 승려들이 조각한 8만 개의 목판(팔만대장경)도 선비 정신의 영향을 받은 것입니다. 바로 선비 스님들이 일일이 새긴 것이니까요.

유교의 선비와 불교의 승려 전통이 혼합된 관점을 당황스럽게 보는 사람들도 있겠지만 나는 그것이 타당한 주장이라고 생각합니다. 유교를 믿든 불교를 믿든 그들은 모두 종교를 넘어 한국인이었고, 거기에는 뭔가 특별한 것이 있었지요. 이 문제를 먼저 한글과 관련지어 생각해본 다음, 두 종교에서 선비 정신이 어떻게 연결되어 있는지 살펴봅시다.

한글은 아마도 한국의 문화 혁신 중 가장 극적인 것이라고 할 수 있습니다. 나는 한글에 대해 가르치고 강의하는 것을 좋아합니다. 그럴 때 청중들의 반응에서는 놀라움, 수긍, 경외감이 모두 나타나지요. 한글의 독특한 창의성으로 다음과 같은 것들을 들 수 있습니다.

1. 한글 창제일이 국경일(10월 9일)로 기념된다.
2. 따라서 우리는 한글 창제의 정확한 날짜가 1446년 10월 9일이라는 사실을 알고 있다.
3. 우리는 그 창제자가 세종대왕이라는 것을 알고 있다.
4. 글자의 형태는 소리가 만들어지는 방식과 관련이 있다.

5. 한글이야말로 진정한 알파벳이다.

6. 한글은 자음과 모음의 단위로 인식된다.

7. 한글은 7,500만 명 이상의 사람들이 사용한다.

요컨대 한글은 세계에서 가장 완벽한 알파벳이라는 것입니다.

물론 이런 특징들 일부를 가진 다른 알파벳이 있을 수 있지만 이 일곱 가지 특징을 모두 가진 알파벳은 한글밖에 없을 것입니다. 예를 들어 우리는 성 키릴(St. Cyril)이 슬라브족 언어로 사용되는 키릴 알파벳을 만들었다고 알고 있고, 그 외에 다른 '진짜 소리글자'(true alphabet)도 있지요. 하지만 동아시아에서 한글은 그림문자와 음절문자의 사이에 있으면서도 자음과 모음을 가지고 있는 진정한 소리글자로 창제되었습니다. 세쿼이야(Sequoyah)는 북미, 아프리카, 아시아의 다른 음절문자에 영감을 준 체로키 음절문자를 만들었지만 그 문자를 사용하는 사람은 7,500만 명에는 훨씬 미치지 못하지요.

각각의 글자가 그 글자의 발음이 나는 소리를 묘사한 것이라는 사실은 한글이 얼마나 정말 탁월한 문자인지를 보여줍니다. 그 문자를 읽는 사람이 문자를 배울 수 있도록 도움을 주기 때문이지요. 처음 배우는 사람에게 한글을 가르치더라도 각 글자의 소리가 묘사되기 때문에 혀와 입술과 치아의 이미지가 우리 뇌에 기억되어 그 소리를 기억할 수 있는 것입니다. 처음에는 한글이라고 부르지 않고 훈민정음(訓民正音)이라고

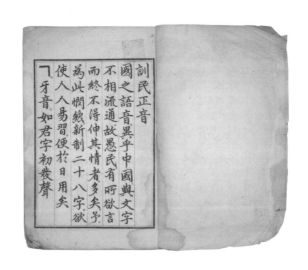

위 | 《훈민정음》, 아래 | 팔만대장경

불렀지요. 그러니까 백성들에게 올바른 소리를 가르친다는 의미입니다. '민'(民)은 '백성'을 의미하고 '정'(正)은 '올바른'이라는 뜻이지요. 핵심은 '소리를 가르치는 것'(訓音)에 있습니다.

독창적인 발명품들

한국 문화사를 보면 독창적이거나 세계에서 유일한 것으로 생각되는 발명품들이 여러 개 있습니다. 팔만대장경, 금속활자, 그리고 금속활자로 인쇄된 가장 오래된 책인《직지》가 바로 그런 것들인데요. 이런 것들은 모두 세계에서 유일한 독창적인 발명품으로 인정을 받았습니다. 물론 그것은 사실이지만 내게는 그런 발명품들이 단지 독창적이라는 사실보다는 상호 연결성이 있다는 점이 더 흥미롭습니다.

해인사의 팔만대장경이 눈길을 끌지만, 서기 751년 또는 그 이전의 신라 시대에 제작된 현존하는 세계 최초의 목판 인쇄물이 있다는 것도 주목할 만합니다. 1966년 경주 불국사 안뜰에 있는 탑 안에서 발견된 〈다라니경〉은 일종의 기도 두루마리인데, 세계에서 가장 오래된 인쇄물로 여겨지지요. 중국과 일본이 자기들이 더 오래된 목판 인쇄물이 있다며 이에 대해 반론을 제기하고 있고, 751년의 〈다라니경〉도 중국에서 인쇄된 것을 한국 승려가 가지고 들어온 것이라고 주장하기도 하지만, 〈다라니경〉이 인쇄된 종이와 잉크를 검사한 결과 한국산이라는 사실이 밝혀졌습니다.

불경을 인쇄하기 위해 8만 개의 목판을 조각했다는 이야기는 오늘날 해인사에 있는 팔만대장경이 두 번째 세트라는 사실을 알게 되면 더욱 놀랍고 흥미롭습니다. 첫 번째 세트는 고려 시대인 1011년에서 1087년 사이에 조각되었지만 1232년 몽골 침략군에 의해 파괴되었지요. 현재의 팔만대장경은 그 이후 12년 동안 다시 조각되어 1249년에 완성된 것입니다. 스님들의 헌신과 학자 정신이 바로 내가 한국인의 정신 또는 선비 정신이라고 부르는 정신이지요(유교적 이미지를 불교 작업에 적용한다고 해서 불쾌해하는 사람이 없었으면 좋겠습니다). 그들이 만든 목판과 경전의 학문적 내용, 목판을 새긴 스님과 장인들의 학문적 헌신이야말로 내가 선비 정신이라고 부르는 진정한 한국인의 정신입니다.

불교의 스님들은 다시 금속활자의 전통을 이어나갔지요. 우리는 활자를 만든 원동력이 불경을 인쇄하기 위한 것이라는 사실을 알고 있습니다. 그리고 1234년에도 이런 업적을 남긴 기록이 있지요. 비록 처음 150년 동안 이 활자로 만들어진 책이 전해지진 않지만 책을 인쇄하기 위한 활자의 목판본이 전해지고 있습니다. 우리는 마침내 1377년에 인쇄된, 현존하는 최고(最古)의 금속활자 책 판본인 유명한 《직지》를 갖게 되었습니다.

《직지》가 인쇄된 사찰인 흥덕사 자리에는 현재 청주고인쇄박물관이 들어서 있습니다. 숭불정책을 표방했던 고려 왕조 이후에 절들이 폐쇄되면서 흥덕사 터에 절은 없어졌지만, 책 끝부분에 그렇게 적혀 있었기 때문에 직지가 흥덕사에서 인쇄된 것을 알 수 있게 되었지요. 그러나 1972년 프랑스에서 이 책이 발견된 후에야 청주에 흥덕사가 있었는지 찾는 작업이 시작되었습니다. 그리고 1985년 고고학적 발굴에서 그 구체적 장소가 발견된 것이지요.

금속활자에 대한 환호 때문에 목판 인쇄의 중요성을 잊는 경향이 있습니다. 오늘날 우리는 거칠고 덜 세련된 것들이 정교하고 더 세련된 것으로만 발전한다고 생각하는 경향이 있지만, 적어도 목판 인쇄에서만은 그렇지 않았지요. 목판 인쇄는 금속활자가 발명된 후에도 수 세기 동안 사용되었습니다. 그러니까 보존해야 할 어떤 중요한 것이 있으면 먼저 나무판에 새겨 목판을 만들고, 첫 인쇄를 한 다음 여러 인쇄본을 만들었답니다. 금속활자는 약 네 번을 찍으면 활자 글꼴을 재설정해야 했지만 목판은 다음 세대를 위한 재인쇄용으로 수 세기 동안 보존되었습니다. 금속활자는 그다지 중요하지 않은 문서의 경우 몇 번만 찍고는 그 사용을 아꼈다고 합니다.

금속활자가 목판 인쇄를 대체했다고 해서 목판 인쇄를 무시해서는 안 되는 이유가 바로 여기에 있습니다. 실제로도 유교 관련 책들은 1940년대 후반까지 목판으로 인쇄되었으니까요.

그래서 나는 한국의 유교 서적을 만든 목판본에 관심을 두게 되었습니다. 주로 안동에 있는 한국국학진흥원에 소장되어 있지만 다른 여러 곳에도 소장되어 있지요. 이곳에 소장된 목판의 수는 무려 6만 4,000개로 불교 경전 목판만큼이나 많습니다. 이 유교 서적 목판본은 2015년에 유네스코 세계기록유산으로 등재되기도 했지요.

신라 시대의 다라니경, 해인사의 팔만대장경 목판, 초기 금속활자, 《직지》, 유교의 목판 등은 모두 같은 정신에서 나온 것이라고 할 수 있습니다. 그 후 1446년, 엘리트주의 중국 문자에서 벗어나 백성들이 읽고 쓸 수 있는 한글이 창제되면서 그 정신은 새로운 방향으로 나아갔지요. 한국의 이러한 독창적인 발명품들을 최초, 최대, 최고라고 표현하는 경향이 있습니다만 나는 오히려 이 모든 것들을 하나의 정신, 즉 지적 추구의 발현으로 보는 것이 더 타당하다고 생각합니다. 그 지식이 불교든, 유교든, 세속적이든, 그런 배움에 대한 추구는 오늘날의 한국에서도 여전히 볼 수 있습니다. 나는 그것이 바로 선비 정신이라고 생각합니다. 이런 배움에 대한 추구를 상징하는 것이 선비였으니까요. 선비들은 그 배움을 바탕으로 과거 시험에 합격했고, 일상의 행동에도 그 배움이 바탕이 되었습니다. 시험을 몇 번 치르고도 합격하지 못한 선비들은 지역 사회에서 다음 세대를 돕는 스승이 되었지요.

선비를 정의롭지 못한 사회구조가 낳은 엘리트나 상류층이라고 비판하고 싶어 하는 사람들에게 한 말씀 드리자면, 이는 사과와 오렌지를 비교하는 것과 같습니다. 심지어 어떻게 사과와 소를 비교할 수 있겠습니까? 이 둘은 근본적으로 다른 사물입니다. 선비를 엘리트라거나 상류층이라고 비판하기 전에 다른 모든 나라들도 당시에는 아직 비민주적이었다는 점을 지적하고자 합니다. 그게 당시의 세상이었지요. 옛 선비가 비합법적인 귀족이라고 주장하는 것은 당시에 왜 왕을 투표로 뽑지 않았느냐고 말하는 것과 같습니다. 노비들은 왜 투표할 수 없었느냐고 말하는 것과 같지요. 또 여성들이 왜 자동차를 운전하는 것이 허용되지 않느냐고 말하는 것처럼 온갖 종류의 현대적 가치를 한데 묶어 역사적으로 신분이 규정된 사람들(노비)에게 적용하는 것과 다름없습니다. 선비는 당시 사람들의 삶을 향상시키는 데 최고로 기여한 사람들입니다. 그런 선비들을 비난하는 것은 '세종대왕은 백성의 선거로 뽑히지 않았기 때문에 위대하지 않다'라고 말하는 것만큼이나 터무니없는 말이지요. 오늘날의 가치관으로 역사적 인물을 판단할 수는 없습니다. 나는 정말 선비를 좋아하고 선비 정신을 존중합니다.

나는 이 책에서 선비를 사무라이와 비유했습니다. 그것은 역사적으로 비슷한 시기에 그 국가를 상징하는 사람들을 비교한 것이므로 타당한 비교입니다. 선비가 무엇을 상징했는지 생각해보십시오. 학문, 인쇄, 책, 지식, 그리고 국가와 사회의 향상입니다. 하지만 사무라이는 무엇을 상징하고 있습니까? 비교가 되지 않지요.

다시 한글로 돌아와서 이제 한글을 그 자체로서만 볼 게 아니라, 선비 왕을 배출했고, 수많은 책이 한글로 쓰였으며, 학문의 도구로 사용되는 등 오늘날까지 미친 영향을 살펴봅니다. 한글 덕분에 한국은 세계에서 가장 높은 수준의 식자율을 자랑합니다. 또 한국은 국민의 고등학교 졸업률과 대학 졸업률이 세계에서 가장 높은 나라입니다. 또한 혁신, 산업, 창의력, 사회 변화, 경제 변화에 있어서도 눈부신 성과를 보이고 있지요.

이 모든 것이 다 연결되어 있습니다. 그래서 그 모든 것이 하나의 정신에서 나왔다고 말하는 것입니다.

Words of The Frog Outside the Well
우물 밖의 개구리의 한마디

•

Hangul is a scientific marvel. The problem is that learning the alphabet is easy, but learning the language is really difficult.

한글은 과학적 경이로움이다. 문제는 한글의 자모음을 배우는 것은 쉽지만 한국어를 배우는 것은 정말 어렵다는 점이다.

4장

환관(내시)의 족보도 있다!

Q   교수님, 조선왕조의 독특한 문화 중 하나가 환관 문화입니다. 일단 성적(姓的)으로 불구라는 것도 그렇고, 자식을 낳을 수 없지만 결혼은 할 수 있었습니다. 그리고 양자를 들여 대를 이어나갈 수 있었습니다. 이러한 문화는 일반 백성들과 그리 다를 바는 아닙니다. 다만, 환관의 족보를 보면 매우 독특한 사실을 발견할 수 있는데요. 교수님께서는 조선시대의 환관 족보를 보신 적이 있으십니까? 보셨다면, 그것은 일반 족보와 어떻게 다른가요?

A   1977년에 나는 조선 왕조의 마지막 생존 환관 중 한 명을 만날 수 있는 특권을 얻었지요. 그분 외에 생존해 있는 환관이 한 명 더

있다고 들었지만 확실치는 않습니다. 내가 만난 그분은 나를 아주 친절하게 대하는 내 친구의 친구가 소개해준 사람이었는데, 내 친구는 내가 그 환관 신사분을 만나고 싶어 할 거라고 생각한 것이지요. 나는 내 친구와 내 친구의 친구, 그리고 내 친구의 동생과 함께 그 환관의 집을 방문했습니다.

그는 60대 후반이었으니 조선 왕조가 끝난 1910년에는 유아였을 것입니다. 이것은 당시 왕조의 권력 중심부, 왕족, 그리고 왕실을 관할하는 기관들(왕실을 보호하고 가문을 지키기 위한 전속 기관들이 여러 개 있었을 것이라고 생각됩니다)이 왕조가 끝나가고 있다는 것을 거의 예측하지 못하고 있었다는 증거이지요. 1900년대 초에 이미 세상이 변하고 있다는 많은 징후가 있었지만 왕실은 여전히 계속 왕을 보필할 유아 내시를 구하려고 노력했다는 뜻이니까요.

우리는 환관 출신들이 아버지, 어머니, 자녀들이 있는 평범해 보이는 가정에서 살고 있다는 것을 알고 있습니다. 그러므로 이들은 아이들을 입양해 양부가 되었을 것입니다.

참고로 내가 조선 왕조 이후 내시 출신들의 생활에 대해 가장 잘 이해할 수 있었던 것은 안수길의 단편소설 〈취국〉(翠菊, 영어로 푸른 국화The Green Chrysanthemum)이었습니다. 이 이야기의 주인공은 찢어지게 가난한 소작농의 7남매 중 하나로 태어난 '분이'입니다. 분이의 아버지는 분이를 내시 집안에 팔아버리지요. 분이가 성장하자 내시 집안에서는 분이를 내시가 입양한 아들과 혼인시킵니다. 분이의 가족은 분이를 판 후에 더 나은 삶을 바라며 만주(북간도)로 떠나지요. 안수길의 작품 중에는 한반도가 경제적으로 몹시 어려울 때 만주로 이주한 한국인들에 관한 이야기가 여러 편 있는데, 실제로 만주(중국은 그곳을 중국 동북 지역이라고 부릅니다) 지역은 한반도에서 많은 사람들이 이주해 간 역사가 있는 곳으로, 오늘날까지도 이 지역에는 약 200만 명의 조선족들이 살고 있습니다.

분이의 이야기는 내시 가정의 생활을 그대로 담고 있지요. 분이의 시어머니도 분이와 비슷한 사정으로 내시 집안으로 시집온 여성이었는데, 분이에게는 친엄마 같은 존재였고 그들은 진정한 애정을 나누지요. 분이도 시어머니에게 딸 같은 존재였고 두 사람 모두 정상적인 신체 기능을 갖고 있다는 점에서 동료 의식을 느낍니다. 전통적인 한국에서 어린 여자아이를 부잣집에 보내 키운 뒤 그 집 아들과 혼인시키는 것은 가난한 사람들에게 흔히 있는 관행이었지요. 그런 관습을 '민며느리'라고 불렀습니다. 그러니까 어린 예비 신부가 그 집안의 며느리가 되기도 전에 그 집안을 위해 일하는 것으로, 일종의 노비 계약이라고 할 수 있지요.

이 이야기에서 분이의 시아버지는 내시 가문이 물려받은 재산의 상당 부분을 탕진했지만 여전히 땅을 가지고 있었습니다. 그러나 사업에 계속 실패하자 그는 돈을 벌겠다며 도시로 떠나버리지요. 하지만 분이는 여전히 남편과 그리고 내시였던 깐깐한 노인인 시할아버지와 함께 살고 있습니다.

이야기가 전개되면서 분이는 이웃집 논에서 일하다가 건강하고 젊은 일꾼을 만나게 되고, 분이를 좋아하게 된 그 젊은이는 분이에게 함께 '도망가자'고 청하지요. 그녀는 갈등합니다. 남편이나 시할아버지에 대해서는 어떤 미련도 없지만 시어머니를 버려서는 안 된다고 생각하지요. 마침내 분이에게 무슨 일이 있는지 눈치챈 시어머니가 분이에게 말합니다. "사람은 자신의 운명과 싸울 수 없는 거란다."

하지만 1977년 서울 변두리에서 내가 만난 내시의 가족들은 안수길 이야기와는 전혀 달랐습니다. 내시 출신이라는 그분과 그의 아내는 매우 상냥한 사람들이었고, 내가 보기에도 지극히 평범해 보였지요. (하지만 우리가 떠날 때 우리 일행 중 한 명이 다소 경멸적인 어투로 말했습니다. "봤어요? 수염이 전혀 없어요!")

그분은 그가 대궐에서 근무한 덕분인지, 아니면 그는 어렸기 때문에 그의 아버지가 대궐에서 근무한 덕분인지 꽤 많은 재산을 물려받아 학교에 투자하고 있었습니다. 중학교를 소유하고 있더군요. 그 집도 적당히 잘 살고 있었고, 그와 그의 아내는 우리의 방문을 환영해주었습니다.

그는 우리에게 가족 족보를 보여주었으며 나는 내시 가문의 족보에서 두 가지 다른 점을 발견했지요. 하나는 가문이 퍼져 나가는 방식이 다르다는 것이었습니다. 족보에 등재할 때는 성씨를 함께 쓰는데, 가문의 모든 사람들의 성이 달랐습니다. 예를 들어 그 내시가 김씨라면 그의 아버지는 송씨, 할아버지는 윤씨, 증조부는 장씨, 그리고 그 윗대는 백씨, 또 그 윗대는 정씨 등으로 기재되어 있다는 것입니다. 보통의 다른 족보에서는 가문의 성이 같아서 이름만 기재되지요.

이것은 매우 중요한 의미가 있습니다. 한국에서 성씨는 매우 중요하게 여겨지지요. 가문의 성씨는 절대 변경될 수 없습니다. 성씨를 쉽게 바꿀 수 있는 대부분의 다른 나라와도 크게 다른 점이지요. 한국에서 성씨가 바뀌는 일은 결코 없습니다. 여기서 나는 중요한 것을 하나 더 배웠지요.

그 내시 신사분이 집 뒤편 언덕에 있는 무덤을 보고 싶지 않느냐고 묻더군요. 우리가 보고 싶다고 했더니 그는 다리가 약해서 우리와 함께 올라갈 수는 없다고 말하면서도 집 뒤에 있는 오솔길을 따라 올라가는 길을 알려주었고, 우리는 그의 말대로 무덤을 볼 수 있었습니다.

오솔길을 오르다가 갈림길을 만나서 왼쪽으로 가야 할지 오른쪽으로 가야 할지 모르는 상황에서 함께 따라 올라온 그의 개가 우리를 왼쪽 길로 안내했습니다. 그 개는 제사를 지낼 때 그들이 왼쪽으로 간다는 것을 알고 있었기 때문이지요. 우리는 개가 안내하는 대로 따라갔습니다.

재미있는 것은 무덤이 족보와 똑같이 배열되어 있다는 것이었습니다. 말 그대로 땅 위에 펼쳐진 족보였지요. 언덕을 따라 올라가면서 무덤의 성이 바뀌었습니다. 무덤마다 묘비가 세워져 있었는데요. 첫 번째 무덤은 김씨, 그다음은 송씨, 그다음은 윤씨, 그다음은 장씨, 그다음 백씨 순으로 방금 족보에서 보았던 것과 정확히 같은 순서로 정렬되어 있었지요.

물론 다른 사람들도 마을 뒤편 언덕에 조상들의 묘가 줄 서 있는 땅 위의 족보를 가지고 있습니다. 하지만 김씨 문중에 있는 묘는 모두 김씨이지요. 그리고 묘 앞에 세워진 비석은 족보를 반영하고 있음을 알 수 있습니다. 돌에 새겨져 산비탈에 영원히 단단하게 심어져 있는 족보와 같다고 할 수 있지요!

Words of The Frog Outside the Well

우물 밖의 개구리의 한마디

•

The jokbo of the eunuchs of the Joseon court shows the importance of the surname one is born with because young boys adopted into a eunuch family keep their natal surname.

조선 조정에서 근무했던 내시들의 족보는 출생 성을 얼마나 중요하게 여겼는지를 보여준다. 내시 가문에 입양된 어린 소년들은 자신의 출생 성을 그대로 따랐다.

5장

한국의 노비제도로 보는 역사

Q   교수님은 한국사회의 노비제도에 관한 연구도 하셨지요. 당시 인구조사 서류를 보고 사회적 신분에 대한 연구를 하신 걸로 알고 있습니다. 조선 사회에서는 상류층에 양반, 중간층에 양인, 하류층에는 노비가 있었지요. 한국 사회구조에서 노비제도는 얼마나 오랫동안 지속되었는지요? 그리고 교수님은 이런 노비제도가 긍정적인 것은 아니라 하더라도 여전히 한국의 정치적 안정의 척도로 보시는지요. 그러니까 한국의 노비제도조차도 한국이 평화롭고 안정된 역사의 나라라는 증거로 보고 계시나요?

A   네, 기본적으로 그렇게 생각합니다. 노비제는 끔찍한 제도지요. 다른 사람을 소유하는 것이니까요! 마치 가축처럼 그들을 사고

팔고, 상속하고, 그들이 원해서가 아니라 주인이 원하는 대로 이곳저
곳으로 옮기기도 하고요. 정말 끔찍한 제도입니다.

나는 한국의 학자들이 노비제도에 대해 관심이 거의 없는 것을 보고
항상 놀라곤 했지요. 한국에서는 노비제도를 다룬 책이 1년에 한두 권
정도 나오는지 모르겠습니다. 미국에서는 노예제도의 어느 측면을 고
찰하는 새로운 책들이 아마도 매년 10권 내지 20권 정도는 나오고 있
으니까요. 한국에서 노비제도가 정당하게 연구되지 못하고 무시된다는
사실은 유감스러운 일입니다. 아무도 노비제도를 연구하고 싶어 하지
않지요. 노비제노는 혐오스러운 주제니까요.

북한에서는 노비제도를 제대로 연구하고 있을까요? 잘은 모르지만
북한 박물관들에서 노비 가격보다 소 가격이 더 높았다는 노비제도에
관한 도표들을 자주 전시한다고 알고 있습니다. 그리고 북한 정권의 정
치적 목적상, 노비제가 사회주의 국가로서 북한이 얼마나 발전했는지
를 상기시켜주는 것으로, 그리고 '위대한 지도자'와 그의 아들 및 손자
에게 충성심과 감사를 심어주기 위한 수단으로 여겨지기도 합니다.

나는 조선 시대 호적부에 관한 연구의 일환으로 한국의 노비제를 조
금 연구하게 되었습니다. 호적부에 의하면 모든 사람은 양반, 양인, 노
비로 등록되어 있지요. 양반과 양인이 같은 것으로 혼동하는 사람도 있
는데 이 둘은 전혀 다릅니다. 양반은 관직을 맡았고 양반들과만 혼인했
지요. 양인은 평민이지만 자신의 땅을 소유하고 농사를 지었으며 양반

과는 혼인할 수 없었어요. 양인은 대개 다른 양인과 혼인했지만 노비와 결혼할 가능성도 있었습니다. 사실 양인과 노비 간 혼인은 어느 정도 허용되었기 때문에 드문 일도 아니었지요.

양반은 다양한 종류의 직업을 가질 수 있었습니다. 물론 평민들도 직업이 있지만 어떤 직업이 어떤 신분의 사람들에 해당하는지는 직업 이름만 들어도 아주 쉽게 알 수 있지요. 예를 들어 '등대지기'는 양반의 직업이 아니었습니다. 그러나 양반을 지칭하는 가장 일반적인 명칭은 아마도 특정한 직업이나 관직이 아니라 '어린 학자'를 뜻하는 '유학'(幼學, 벼슬을 하지 않은 유생儒生을 칭하는 말 – 옮긴이)일 것입니다. 이 호칭은 나이와는 관련이 없습니다. 80대나 90대 노인이라도 특별한 직위가 없으면 유학이라고 불렀으니까요. (하지만 유학의 '유'는 유교의 儒가 아니라 어린이를 지칭하는 유치원의 幼입니다.) 흥미롭게도 유학이 사망하면 그는 한 가구의 조상으로서 한 단계 올라가 새로운 호주가 되고 명칭도 학자의 삶을 살았다는 의미의 '학생'(學生)으로 '승급'됩니다. 오늘날 우리가 초등학생, 중학생, 고등학생이라고 말할 때 사용하는 바로 그 학생과 같은 용어이지요. 조선 호적부 연구를 학생들에게 가르칠 때마다 학생들은 자기들이 잘 알고 있고 자신들을 지칭하는 단어인 '학생'이라는 말이 원래는 관직을 맡지 않고 살다가 죽은 양반을 지칭하는 단어라는 것을 알고는 무척 당황해하더군요.

호적에서 노비는 분명히 노비라고 기재됩니다. 노비는 전근대 사회에서 중요한 부분을 차지했지요. 서울대학교의 교수 친구들과 저녁 식사에서 양반의 정의에 관해 토론한 적이 있습니다. 우선 '과거 시험에 합격한 사람'은 양반의 적절한 정의가 아닙니다. 과거 시험에 합격하지 못한 사람들도 양반 지위의 모든 혜택을 누렸으니까요. 어떤 교수들은 '과거 시험에 합격한 사람의 4세대 이내의 사람'이라고 말했습니다. 하지만 그 정의도 문제가 있지요. 예를 들어 한 명의 합격자를 배출한 후에 12대에 걸쳐 한 명도 합격자가 없다가, 그래도 공부하고 시험 준비를 할 재정적 여력이 있어서 마침내 한 명의 합격자가 나온 양반 가문도 있었으니까요. 또 혼인 등 기타 사유로 여전히 양반 역할을 하는 사람들도 있는 등, 예외적인 경우가 많았습니다. 결국 우리는 양반을 정의할 수 있는 핵심 쟁점은 바로 노비 소유 여부일 것이라는 결론을 내렸습니다. 노비를 소유하고 있으면 양반이고 노비가 없으면 양반이 아니라는 것이었지요! 과거 시험 공부를 하려면 일을 하지 않고 공부에 전념할 수 있는 재정적 여력과 여가 시간이 있어야 합니다. 그러기 위해서는 자신을 대신해 땅을 갈며 여가 시간을 마련해줄 노비가 있어야만 가능했으니까요.

한국 사회구조에서 노비제도가 얼마나 오랫동안 지속되었는지 물으셨지요? 아마도 삼국시대까지 거슬러 올라가야 할 것으로 보입니다. 삼국 간에 전쟁이 있었고 전근대 시대에 전쟁은 노비를 낳았으니까요. 현대의 전쟁은 대개 민주주의나 자유, 공산주의, 나치즘, 식민지 제국, 일본의 신토(神道) 등 주로 이념을 위한 전쟁이지만, 고대의 전쟁은 기본적으로 다른 사람들의 재산을 빼앗고 패자를 노예로 만들어 승자를 섬기게 하기 위한 것이었습니다. 일본의 히데요시는 왜 한국을 침략했을까요? 바로 탐욕, 재화, 권력, 노예 등을 확보하기 위한 것이었지요. 전세계의 노예들은 처음에는 전쟁 포로였습니다.

우리가 흔히 상업화된(돈을 주고 거래하는) 노예라고 생각하는 미국 노예도 처음에는 전쟁 포로였지요. 영국의 노예 무역업자들이 애당초부터 사람들을 잡아다가 발목에 쇠고랑을 채워 미국으로 가는 배에 태우려고 아프리카에 간 것이 아닙니다. 그들은 아프리카의 여러 왕국을 다니며 죄수나 노예가 있으면 팔겠느냐고 물었지요. 그들이 이미 그렇게 해왔으니까요. 가격이 맞으면 거래가 이루어졌고, 그렇게 해서 흑인 노예들이 아메리카 대륙으로 보내진 것입니다. 그리고 그것이 돈이 되는 사업이 되다 보니 아프리카의 강력한 왕들은 더 많은 전쟁 포로들을 잡아서 노예 무역상에게 팔아넘겼지요.

한국의 노비들 역시 처음에는 신라, 백제, 고구려 삼국 간 싸움에서 생긴 전쟁 포로들이었습니다. 얼마 남지 않은 신라 시대 문서 중 하나에는 한 부유한 귀족이 3,000명의 노비를 소유하고 있다는 기록이 나옵니다. 삼국은 전투에서 승리해 포로로 잡은 사람들을 노비로 삼았지요. 아마도 백제와의 전투에서 신라 병사가 포로가 되어 백제의 노비가 되었다가 몇 년 후 신라가 다시 승리해 백제 병사를 노비를 데려갈 때 원래 신라인이었던 그 노비가 포함되었을 수도 있었을 것입니다. 하지만 그렇다고 해서 그가 자유인이 되지는 않았고 패배한 백제 병사들 속에서 여전히 노비가 될 수밖에 없었을 겁니다.

신라가 삼국을 통일하면서 신라는 한반도 대부분 지역의 정치적 통제뿐만 아니라 노비의 대부분도 차지하게 되었습니다. 그런데 나중에 신라가 멸망했을 때 신라는 적이 아니라 동맹에게 함락되었지요. 후백제는 신라의 적이었지만 정작 신라를 함락시킨 고려는 신라와 동맹 관계였으니까요. 그래서 신라가 멸망했어도 대부분의 경주 귀족은 개성 귀족의 일부가 되었지요. 서라벌에 살던 신라 왕족인 김씨, 박씨, 이씨, 최씨, 정씨, 배씨, 손씨, 설씨, 석씨 등은 고려 귀족의 일부가 되었습니다. 그러나 노비였던 사람들은 왕조가 바뀌었어도 여전히 자유인이 되지 못했지요.

대부분의 나라에서는 왕조가 바뀌면 사회적 혼란이 일어나고 노예였던 사람들이 해방되기도 합니다. 그리고 왕조가 바뀌면 몇 년, 때로는 수십 년 동안 사회적 혼란이 지속되고 이 와중에 노예들은 도망치거나 주인을 죽이고 스스로 새로운 삶을 시작하는 경우도 많았지요. 중국 한나라 시대의 유방은 평민이었고 어쩌면 노예였을지도 모릅니다. 일본에서 최고의 자리에 오른 도요토미 히데요시도 천민인 노예였을 가능성이 있습니다. 그가 역사에 등장하는 초기에는 군 장교들의 구두를 닦은 인물로 나오니까요.

하지만 신라가 멸망했을 때는 노비들이 해방될 정도의 사회적 혼란이 없었고, 고려가 멸망했을 때도 역시 노비를 해방시킬 만한 사회적 혼란이 없었습니다. 이성계가 위화도에서 군대를 돌려 개성으로 진군해 조선 왕조를 수립하기 위해 벌였던 전투는 몇 년이 걸린 게 아니라 오후 한 나절 만에 끝나버렸지요. 물론 이성계가 새로운 왕조를 세우기 위해 4년 동안을 은밀하게 도모했지만 정작 전투는 혼란이 시작되기도 전에 끝이 났습니다. 그러니 이때에도 노비들이 해방될 만큼의 혼란이 일어날 틈은 없었지요.

이와 유사하게 임진왜란 중 일본이 한국에서 수많은 사람을 죽이고 파괴했어도 정작 한국이 전쟁을 승리로 끝내자 모든 사람이 원래 상태로 되돌아갔습니다. 굴욕을 당하며 도망갔던 선조도 다시 왕위로 복귀했고, 조정의 관리들도 제자리로 돌아왔으며, 토지 소유자들도 자신의 땅으로 돌아왔습니다. 그리고 노비들도 다시 노비의 자리로 돌아왔지요.

부산 동래에는 당시 일본군과 싸운 사람들을 위한 기념비가 세워져 있습니다. 기념비는 두 줄로 세워져 있는데요. 앞줄에는 일본군과 싸운 양반을 기리는 큰 돌들이, 뒷줄에는 일본군과 싸운 노비들을 기리는 작은 돌들이 놓여 있습니다. 노비들은 전쟁에서 양반들과 함께 싸웠지만 전쟁이 끝난 후에는 모두 양반과 정부의 소유 신분(사노비와 공노비)으로 돌아갔습니다.

한 왕조가 무너졌을 때도, 전쟁과 침략이 있었을 때도 노비들이 해방

되지 않았기 때문에 한국은 지구상의 어떤 문화보다도 가장 길고 끊기지 않은 노비 보유 사슬을 갖게 되었지요. 그리고 그런 노비 신분의 안정은 귀족의 정치적 안정 및 영속성과 '동전의 양면'을 이루고 있다고 볼 수 있습니다. 한국의 귀족제도가 약 1500년 동안 지속되었으니 한국의 노비제도 또한 1500년 동안 유지되어왔다고 볼 수 있겠지요.

이런 점에서 볼 때 한국의 노비제도 안정은 한국 역사의 사회적 안정을 보여주는 몇 가지 척도 중 하나라고 할 수 있습니다. 물론 한국 역사의 다른 안전성 요인들은 이 책의 다른 부분에서 충분히 설명했습니다.

그렇다면 한국의 노비제도는 어떻게 끝났을까요? 한국의 노비제도는 천천히, 자연스럽게 사라졌습니다. 미국에서 남북전쟁 이후 노예해방선언이 발표된 것과는 아주 달랐지요. 한국에서 1801년(순조 1년)에 정부가 노비를 소유하는 관노제도의 폐지를 발표한 이후 노동자들은 자신들의 노역에 대한 보수를 받았습니다. 공교롭게도 1801년은 미국이 새로운 노예의 수입을 금지하는 법안을 통과시킨 해였지요. 물론 그 후에도 노예 소유주들은 여전히 노예를 소유할 수 있었지만 새 노예를 수입할 수는 없었습니다. 다른 노예 주인들로부터 노예를 사는 거래는 여전히 가능했으나 아프리카나 카리브해 같은 신세계에서 새로이 노예를 수입할 수는 없게 되었지요. 몰래 노예를 수입하는 경우도 있었습니다만 어쨌든 노예의 수는 점점 줄어들었습니다. 그래서 미국의 노예 소유주들은 기존의 노예들이 자식을 잘 낳을 수 있도록 조심스럽게 그들을 대해야 했지요. 그래야만 노예 수를 늘릴 수 있었으니까요. (소름 끼치는 얘기지요?)

한국에서 1801년 이후에도 민간 부문에서는 노비제도가 존속했지만 그 수는 점차 감소하기 시작했습니다. 당시의 인구 대장을 보면 '노비가 도망가는' 사례가 점점 더 많아졌고 도망간 노비가 다시 돌아오는 경우는 거의 없었으니까요. 이 시점에서 우리는 노비 경제와 임금 노동자 경제를 비교할 필요가 있습니다. 결론부터 말하자면 임금 노동이 훨씬 더 효율적이라는 것입니다. 노동자에게 임금을 지불한다는 것은 일하는 대가로 돈을 지급한다는 의미이지요. 반면 일을 하지 않으면 당연히 돈을 받지 못합니다. 그는 자신의 가족들(일하지 않은 어린아이들, 늙거나 아파서 일하지 못하는 가족들)을 먹여 살릴 수 있는 돈을 벌기 위해 노력해야 하지요. 그러니까 임금 노동 경제에서는 가족을 부양할 책임이 임금 노동자에게 있다는 것입니다.

반면 노비제도에서는 노비 소유주가 아직 일할 수 없는 노비의 어린 아이들과 더 이상 일할 수 없는 노인들까지 모두 돌보고 먹여야 하지요. 과연 노비제도에서 16세부터 60세까지는 노동 연령이고, 16세 미만과 60세 이상은 노동에서 제외한다는 지침이 있을까요? 있다 해도 제대로 지켜졌을까요? 알 수 없습니다. 노비제도는 이 같은 비노동 연령층의 노비들까지 돌봐야 하는 부담이 있으므로 매우 비효율적이라고 할 수 있지요. 임금 노동 경제가 노비제도 경제보다 더 착취적이라고 주장하는 사람도 있을지 모르지만 임금 노동 경제가 더 나은 대안이라는 것은 분명합니다!

한국의 교과서들은 한국에서의 노비제가 1894년 갑오개혁 때 폐지되었다고 말합니다. 하지만 실질적인 사회 개혁이 펜이나 법령에 의해 이루어지는 것은 아니지요. 갑오개혁 이후 노비였던 사람들에게는 자유가 주어졌지만 그들은 실제로 어떻게 되었을까요? 미국의 노예해방 이후 남부에 소작농들이 생긴 것처럼 한국에서도 많은 노비들은 여전히 전 주인의 농장에서 일했습니다.

나는 한국에서 60년대 후반과 70년대 중반까지도 여전히 노비 취급을 당하는 사람들이 있었다는 사례 두 가지를 알고 있습니다. 60년대 후반 교회에서 일했던 한 여성이 미국인 선교사들을 위해 빨래하는 일을 맡고 있었지요. 우리(저도 선교사들 중 한 명이었습니다)는 그녀의 임금을 그녀에게 직접 지불하는 게 아니라 그녀의 주인집에 지불한다는 것을 알게 되었습니다. 우리가 그에 대해 따져 물으니 그녀와 그녀의 가족이 대대로 주인집의 노비였다는 답이 돌아왔지요. 또 다른 사례는 내 친구가 1974년 어느 시골 마을에서 마을에 관한 연구를 하며 그곳에 머물고 있었습니다. 그러다가 한 가족이 어느 집안에 완전히 얽매여서 그 집안의 각종 제사 일을 챙기고 예전 같으면 집안의 노비들이 하던 일들을 한다는 것을 알았습니다. 내 친구가 마을 사람들에게 그에 대해 물어보니 마을 사람들은 아무 거리낌 없이 그 가족이 그 집안의 노비라고 말했다는 것이었습니다. 그래서 내 친구가 그 가족에게 직접 물어보았더니 그 역시 아무렇지 않게 자신이 노비라고 말했다고 합니다. 다른 노비들은 돈을 벌기 위해 도시로 떠났지만, 이 가족은 '주인'집에 그대로 남아 일하기를 원했고 모든 제사 일을 챙기는 노비 역할을 자처했다고 합니다.

한국의 노비제도는 과연 1894년 갑오개혁 때 완전히 끝났을까요? 그렇기도 하고 그렇지 않기도 합니다. 미국에서 노예제도는 링컨의 노예해방선언과 함께 끝났을까요? 역시 그렇기도 하고 그렇지 않기도 합니다.

미국의 노예제도와 한국의 노비제도에는 비교할 점이 많습니다. 첫번째는 용어에 관한 것인데요. 한국은 노비제도이고, 미국은 노예제도라는 것입니다. 그것이 어떻게 다를까요? 그리고 어떤 나라에 노비가 있었고, 어떤 나라에 노예가 있었던 걸까요? 노비는 한국에만 있는 제도라는 것이 밝혀졌습니다. 구분하기 정말 쉽지. 다른 모든 나라들은 다 노예입니다. 한국에 노예가 없었다는 게 다행이지 않나요? (지나친 비아냥이라고 생각된다면 양해해주십시오.) 하지만 조선 정부에서 노비들의 업무를 관장하는 관청을 '장예원'(掌隸院)이라고 불렀는데, 여기서 '예'는 노예의 '예'입니다.

노비는 사고팔 수 있었습니다. 주인의 뜻에 따라 이리저리 옮겨 다녔지요. 노비는 또 대대로 계승되었습니다. 부유한 집안에서 혼사 같은 일

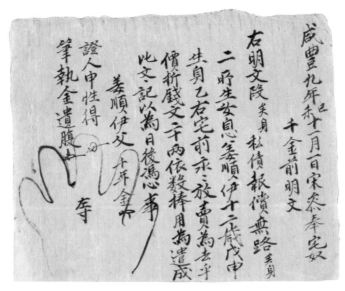

咸豐九年己十一月一日宋參奉宅奴

千金前明文

右明文段 矣身私債報償無路 矣身

二所生婢順伊十二歲戊申 生婢順伊

共身乙右宅前永永放賣爲去乎

價折錢文二十兩依數捧用 爲遣成

此文記以爲日後憑志事

姜順伊父 千金金

證人 申性得 (手決)

筆執 金遺腹 (手決) 李

조선 시대 〈노비매매명문〉

이 생기면 대개 노비를 선물로 제공하기도 했지요.

　나는 한국에서 약 150년 동안 노비를 보유했던 가문들을 연구했습니다. 그들은 어떤 때에는 많은 수의 노비를 거느렸으나 어떤 시기에는 몇 명 데리고 있지 않았을 때도 있더군요. 하지만 이것만으로 많은 노비들이 매매되었다고 볼 수는 없었습니다. 다른 연구에서 노비 주인들이 그들의 노비 소유를 허위로 보고해왔다는 사실을 알았으니까요. 따라서 인구조사 문서에서 어느 해에 27명의 노비가 있었는데 다음 해에 12명만 있었다고 해서 그들이 15명의 노비를 팔아버렸다고 볼 수는 없다는 것입니다. 아마도 15명의 노비를 신고에서 고의로 누락시켰을 수도 있고, 아마도 몇 명은 실제로 팔았을 수도 있겠지만요.

150년 간 노비를 보유한 가문을 연구하면서 알게 된 점은 노비의 의무가 계속 순환되었다는 것입니다. 노비는 우선 남자 노비와 여자 노비, 즉 노(奴)와 비(婢)로 분류되고, 또 솔거노비(domestic slave)와 외거노비(field slave)로 분류됩니다. 솔거노비들은 대개 99칸 집이나 넓은 땅을 가지고 있는 주인집에 함께 살았고, 외거노비들은 대개 농장이나 가까운 이웃으로 나가 살았습니다. 이 노비들은 수시로 돌아가면서 일했습니다. 솔거노비들이 농장으로 나가 농사일을 하기도 했고, 외거노비들이 주인집으로 들어와 집안일을 하기도 했지요. 그런 순환을 결정하는 요인이 무엇이었는지는 모르지만 아마도 누군가 요리를 잘해서 집안으로 들어왔을 수도 있고 아니면 반대로 집안에서 요리하는 일이 싫증나서 논으로 나갔을 것이라고 추정할 뿐입니다.

미국 노예와 한국 노비의 중요한 차이점은 미국 노예라는 개념이 남북전쟁과 함께 종식되었다는 것입니다. 반면 한국에서의 노비제도는 한국 전쟁과 함께 끝나지 않았지요. 사람들은 미국의 노예나 한국의 노비가 모두 전쟁에 참여한 건 마찬가지라고 말하고 싶겠지만, 한국 전쟁이 일어났을 때 노비 출신들에게 공산주의 운동에 가담하라는 권고가 있었다는 사실을 간과할 수는 없을 겁니다.

나는 미국의 노예제도와 한국의 노비제도가 비슷한 점보다 다른 점이 더 많다는 생각에는 동의하지 않습니다. 대부분의 미국인이나 한국인들이 생각하는 것보다는 비슷한 점이 더 많다고 생각하니까요. 노비냐 노예냐 하는 호칭의 차이는 별 의미가 없습니다. 우리는 그것을 영어로 '의미 없는 구분'(distinction without a difference)이라고 말하지요. 미국 노예와 한국 노비 모두 사고팔 수 있었고, 모두 태어날 때부터 노예 신분을 물려받았으며, 주인의 뜻에 따라 이리저리 옮겨 다녔지요. 가장 큰 차이점은 인종이 다르다는 것인데 '어느 쪽이 더 좋다는 말인가?'라는 질문을 하게 만들 뿐입니다. 그러니까 인종이 다르면 노예로 삼아도 괜찮다는 말인가? 다른 인종을 노예로 삼는 것은 덜 악한 것인가? 현대적 관점에서 볼 때 다른 인종을 노예로 삼는 것은 타인에 대한 인권 침해가 덜한 것이란 말인가? 이 모든 질문은 부질없는 질문입니다. 노예제도에 관한 한, 어느 쪽이 더 좋다, 나쁘다고 말할 문제가 아니라는 내 생각에 동의하리라 생각합니다. 어느 쪽이든 오래전부터 존재해 온 나쁜 제도이며 미국에서나(인종의 문제) 한국에서나(의식의 문제) 노예제의 유산은 빨리 극복할수록 더 나은 세상이 될 것입니다. 그러니까 조금이라도 더 나은 세상 말입니다.

Words of The Frog Outside the Well

우물 밖의 개구리의 한마디

•

Korean slave-holding, the longest unbroken chain of slavery in the world, is in reality a measure of the stability of Korea — no changes in the lower class, no changes in the aristocracy for 1,500 years.

한국의 노비제도는 아마도 세계에서 가장 오랫동안 끊기지 않은 노비 사슬이지만, 이 또한 한국의 역사가 안정적이었음을 보여주는 또 다른 증거다. 한국 사회에서는 1,500년 동안 하층 계급에서도 귀족 계급에서도 큰 변화가 없었다.

6장

족보를 신뢰할 수 있을까?

<u>Q</u>　　　　교수님, 현재 많은 한국인들은 족보가 위조되었다고 인식하는 사람이 많습니다. 물론 실제 위조된 족보도 있습니다. 제가 생각하기엔 족보의 위조는 신분제도가 철폐된 이후의 많이 나타나는 것 같고, 최소 20세기 이전에 만들어진 족보는 그렇지 않았습니다. 저는 인물과 가문, 인맥에 대한 연구를 중점적으로 하고 있기에 조선 시대에 만들어진 족보를 많이 보았습니다. 그래서 거기에 나오는 사실을 다른 사료(史料)와 비교해 보면, 거의 위조가 된 것이 없다는 것을 알 수도 있었습니다. 그래서 저는 족보 자체를 사료로서 매우 신뢰하고 있습니다. 교수님께서도 족보가 역사 연구에서 믿을 만한 자료로 보시는지요?

A   일부 한국 역사학자들이 저지르는 가장 큰 실수 중 하나는 족보를 무시한다는 것입니다. 물론 그들이 그러는 이유는 있지요. 사람들이 족보에 오르기 위해 돈을 내기도 했기 때문에 족보는 위조된 것이고 가치가 없으며 믿을 수 없는 것이라는 생각 때문입니다. 하지만 그런 생각은 잘못된 것입니다.

족보는 다른 자료들과 마찬가지로 정보 자료이지요. 모든 정보 자료는 의심하고 검증할 필요가 있습니다. 그리고 당연히 족보도 다른 문서로 검증할 수 있습니다.

많은 학자들이 족보의 정확성을 무시하는 이유가 사람들이 족보에 등재되기 위해 부당하게 돈을 낸다는 근거 없는 설명 때문이라는 점은 매우 놀라운 일입니다. 족보의 내용은 다른 문서들과 교차 확인해보면 사실인지 아닌지를 확인할 수 있지요. 그리고 돈을 내고 족보에 이름을 올린다는 문제는 20세기에 나타난 현상입니다. 20세기 이전에는 돈을 내고 족보에 이름을 올리는 일은 거의 없었지요. 따라서 적어도 20세기 이전의 족보 데이터를 사용한 연구는 대체로 안전하고 신뢰할 수 있는 연구라고 할 수 있습니다.

그리고 부당하게 돈을 내고 족보에 이름을 올렸다 해도 족보의 초기 판본을 점검해보면 그 사실을 확인할 수 있지요. 족보는 30년에서 50년마다 가계도(문중 조직)가 변하기 때문에 한 세대마다 다시 출판되는 게 원칙이었으니까요.

족보라는 벽을 처음 깨트린 학자 중 한 명은 하버드대학교의 에드워드 와그너(Edward W. Wagner)교수였습니다. 그가 박사학위 논문 주제인 연산군 시대의 사화(士禍)에 관해 연구하던 중, 상대 당파와 첨예하게 대립하는 조정의 학자-관료들이 서로 모종의 관계에 있다는 사실에 관심을 갖게 되었지요. 그는 한국에 많은 족보가 있다는 것을 알고 자기 연구의 금광을 찾았다고 생각했습니다.

자신의 연구를 계속해나가던 와그너는 어느덧 과거 시험 제도(문과)까지 연구하게 되었지요. 과거 시험 제도는 조선 시대의 학자-관료 네트워크를 형성하는 중요한 측면이기 때문에 한국 정치를 이해하는 데에도 매우 중요했습니다. 마침 그는 1년간 펠로우십으로 하버드대학교로 유학을 와있던 전북대학교의 송준호 교수를 알게 되었지요. 두 사람은 과거 시험 프로젝트를 함께 진행했고, 시험 합격자 명부인 방목을 수집하면서 선비-관료 계층이 서로 어떤 관계를 맺고 있는지를 조사했습니다. 족보를 통해 그들이 과거 시험에 합격한 해, 지리적인 관계, 그리고 지적 또는 파벌적인 교류 등을 알아냈지요.

와그너와 송준호 교수는 1만 3,000명이 넘는 과거 시험 합격자 수를 대상으로 그 관계를 조사한 방대한 색인을 만들기 시작했고, 그 자료는 훗날 '와그너-송 조선문과방목 프로젝트'라고 알려지게 되었습니다.

과거 시험에 합격한 엘리트들 간의 관계를 파악하고, 합격자들의 아버지와 형제자매, 거주지와 문중 간 교류까지 조사하면서 그들은 족보가 그들의 연구에 극적인 요소를 더하리라는 것을 깨달았습니다. 그들은 수없이 많은 족보를 찾아보았을 뿐만 아니라, 족보의 사전이라고 불리는 《만성대동보(萬姓大同譜)》까지 낱낱이 조사했지요. 그들은 《만성대동보》를 영문 머리글자를 따 MTP라고 불렀습니다.

와그너와 송준호 교수는 MTP 목록에 과거 시험에 합격한 사람은 문과 시험에 합격했다는 표시로 문(文)이라는 표시를 붙였습니다. 바그너는 또 족보의 주장을 검증하기 위해 족보의 기록이 사실인지 확인하는 작업 외에도 해당자가 문과 시험에 합격한 연도도 MTP에 추가했지요. 이렇게 상세한 주석이 달린 그의 MTP는 조선 왕조 연구에 매우 귀중한 자료입니다. 조선 시대 과거 합격자 1만 3,000명 중에 무려 1만 1,000명이 MTP에 표시되어 있을 정도니까요.

《만성대동보》는 영국의 귀족 명감처럼 한국 역사에서 누가 누구인지를 보여주는 일종의 색인으로 1937년경에 편찬되었습니다. 어느 인물이 어떤 계층의 인물들과 인적 교류, 혼인 관계 등을 맺고 있는지 모든 정보가 담겨 있습니다. 기재된 대부분의 인물이 어느 가문의 누구와 혼인했는지 자세한 내용이 담겨 있지요.

《만성대동보》의 장점은 자체에 기록된 내용 외에도 실제 족보의 색인으로 사용될 수 있다는 점입니다. 족보에서 어떤 인물을 찾고자 할 경우, 예를 들어 이이를 찾는다고 합시다. 그가 덕수 이씨라는 것을 알면 덕수 이씨의 족보를 찾아보겠지요. 하지만 당신은 곧 덕수 이씨 족보의 분량이 17권이나 된다는 것을 알게 됩니다. 당신 눈앞에 그 족보가 있다 해도 17권이나 되는 방대한 분량 속에서 이이를 어떻게 찾을 수 있을까요? 그럴 때 필요한 것이 바로 MTP입니다. MTP는 분량이 훨씬 더 적지만 색인으로 되어 있고, 와그너가 과거 시험에 합격한 년도를 표시해놓았기 때문에 MTP의 덕수 이씨 부분(대략 6페이지)에서 이이를 쉽게 찾을 수 있는 것입니다.

MTP에서 찾으려는 사람을 발견하면 거기에서 그 사람의 윗선을 추적해 그 가문의 첫 조상인 시조까지 조회해 볼 수 있지요(가계도를 따라 구불구불 올라가다 보면 비교적 쉽게 찾을 수 있습니다). 그런 다음 실제 족보로 돌아가서 MTP에서 찾은 위치를 추적하면 이이에 관한 상세 사항, 즉 그가 언제 과거 시험에 합격했고, 언제 정부 관리에 등용되어 얼마나 근무했고, 무슨 책을 썼고, 누구와 결혼했고, 덕수 이씨 문중의 다른 누구와 교류했고, 그들의 혼인 관계까지 모든 내용을 찾아볼 수 있습니다. 그러므로 족보는 역사학자에게 정보의 금광이라 할 수 있지요.

와그너와 송준호 교수가 족보를 이용하여 족보의 장벽을 무너뜨린 후에는 한국역사문화연구원장으로 지낸 이성무 교수, 영남대학교의 이수건 교수 등 다른 학자들이 그 뒤를 따랐습니다.

가장 최근에는 내 동료인 신채용 박사가 족보를 이용해 조선 왕실의 사위들인 부마의 세계를 탐구하는 놀라운 연구를 수행했지요. 그가 쓴 《조선 왕실의 백년손님》은 역사학자들이 조선 시대 최상위 엘리트 계

《만성대동보》

층의 권력과 지위를 탐구하기 위해 족보를 사용한 멋진 사례입니다.

조선 왕실 사위들의 족보를 살펴보는 과정에서 신채용 박사는 《선원록(璿源錄)》이라는 왕실의 족보를 통해 왕실 사람들과 주요 정치 세력 사이의 관계를 연구했습니다. 《선원록》은 세계 어느 왕실의 왕족 족보와 비교해도 손색이 없을 만큼 정말 웅장한 족보입니다. 조선의 왕실보다 족보를 더 소중하게 기록하고 보존하는 사람은 없을 것입니다. 어느 나라에서나 왕실의 족보는 그 나라 족보를 대표한다고 볼 수 있지요. 더구나 한국의 모든 왕실은 어느 왕조에서나 자신들의 족보를 인쇄물로 남겼습니다. 족보는 왕실의 권위를 나타냈으니까요.

한국의 족보는 정말 놀랍습니다. 나는 우물 밖의 개구리로서 아마도 우물 안 개구리들보다 이 점을 더 명확하게 볼 수 있을 것입니다. 한국은 틀림없이 세계 어느 나라보다 가장 훌륭하고 가장 많은(인구 비례로 볼 때) 족보를 가지고 있습니다. 한국은 성씨의 수도 가장 적고, 게다가 몇 개의 주요 성씨에 가장 많은 인구가 몰려 있지요. 맞습니다. 바로 김·이·박 현상인데요, 나는 앞에서도 이에 관해 언급한 적이 있지만, 사실 이것은 '왕족' 현상입니다. 김씨, 이씨, 박씨는 왕족의 성씨이었고 당연히 족보를 가지고 있지요. 왕족들은 언제나 족보를 기록해왔으니까요. 왕족과 결혼하는 엘리트 가문도 마찬가지였습니다. 왕족이 있는 나라들은 다 비슷하지요. 한국에 김·이·박 성씨의 인구가 가장 많고, 이들 성씨의 족보가 가장 많이 전해지는 것은 바로 이 때문입니다. 그것은 세계에서 가장 오랫동안 귀족 계급이 단절되지 않은 나라(한국)에서 왕족과 혼인을 한 사람들도 마찬가지이지요. 1500년이 넘는 기간에 한 귀족 계급이 끊기지 않고 권력을 잡은 나라는 세계 어디에도 없으니까요.

가야와 신라, 고려를 거쳐 조선에 이르기까지 수많은 귀족이 번성했습니다. 그들은 시간이 지나면서 더욱 번창했고 그 수가 많이 늘어났지요. 그들 자신이나 그들과 결혼한 가문들이 소멸한 경우는 거의 없습니다. 고려 왕씨 문중의 두 가문이 몰락한 경우가 극히 드문 예외라고 할 수 있겠습니다만 하여튼 귀족 가문의 번성이 오늘날 한국의 상황으로 이어진 것입니다. 그들은 후세까지 계속 번성했고, 더 나은 음식과 생활 환경을 누렸으며, 왕족은 물론 왕족과 결혼한 가문들도 아무런 이상 없이 번창을 이어갔습니다. 그리고 마침내 몇몇 성씨가 큰 인구 집단을 이루고 많은 족보를 남긴 오늘의 상황에 이르게 된 것이지요. 놀랍지 않습니까! 적어도 이 부분에 관한 한, 세계 어느 나라도 한국과 같은 나라는 없습니다.

지금까지 살펴본 바와 같이(세계에서 아주 드문 일이지만) 한국에 성씨의 수가 적다는 사실과 그 몇몇 성씨가 그렇게 많은 족보를 남겼다는 사실 사이에는 이런 연관성이 있습니다. 그러니까 그것은 우연이 아니라 서로 연관된 사실이라는 것입니다.

Words of The Frog Outside the Well
우물 밖의 개구리의 한마디

•

There are so many false stories about people buying their way into a jokbo, but in my view jokbo are more reliable than unreliable.

사람들이 돈을 주고 족보에 이름을 올렸다는, 믿을 수 없는 이야기들이 너무 많지만, 내가 보기에 족보는 충분히 신뢰할 수 있다.

7장

한국의 시조, 세계문학에 공헌하다

Q   교수님은 한국의 시조를 세계적인 시의 형식으로 인정받게 만드는 운동(시조 운동)을 주도하고 계신 걸로 알고 있습니다. 그것이 사실인가요? 교수님께서 주도하시는 운동이 시조를 세계적으로 인정받게 할 수 있으리라고 생각하십니까? 그리고 왜 하필 시조인가요? 한국에는 여러 가지 시 형식이 있고 다른 좋은 문학도 많은데 왜 한국의 시조가 최고의 세계문학이 될 수 있다고 생각하시는지요?

A   이야기 하나를 들려드리지요. 내 평생 외운 시는 몇 편 되지 않습니다. 학창 시절 언젠가 정몽주의 유명한 시조 〈단심가〉를 외웠지요. 왜 그랬는지는 모르지만 하여튼 외웠습니다. 그 시조를 항상

마음에 새겼지요.

그 후, 그러니까 아마도 20년 전쯤에 나는 선임 교수로서 학교승인심사위원회의 일을 맡아달라는 요청을 받고 샌프란시스코에 있는 작은 학교에 심사하러 나갔습니다. 한국에서는 학교 승인 여부를 교육부에서 하는 것으로 알고 있습니다만 미국에서는 학교 승인 업무에 정부가 직접 개입하지 않고 사조직 네트워크가 그 일을 담당하지요. 미국 서부 지역에서 그 업무를 관할하는 곳은 '서부학교 및 대학협회'라는 단체였는데, 그 단체에서 3인 1조로 팀을 짜서 인가를 신청한 학교의 한국어 프로그램을 살펴봐 달라는 임무를 내게 의뢰한 것입니다. 우리는 그 학교의 시설, 교수진, 학생회, 재정, 교육과정, 행정, 동문 등 다양한 부문에 걸쳐 심사했습니다. 3일간(2박 3일)의 출장이었지요.

첫날이 끝나고 우리는 샌프란시스코 시내에 있는 한 한식당의 연회장에서 회의를 진행했습니다. 방의 양쪽에는 긴 연회 테이블이 놓여 있었고 양쪽 테이블에는 해당 관계자들이 자리를 잡고 앉았지요. 나는 테이블 거의 끝자리에서 방 안쪽을 향해 앉았고 내 맞은편에는 학교 후원자 중 한 사람으로 소개된 사람이 앉아 있었습니다. 그는 버스 업계에서 돈을 번, 좀 터프해 보이는 한국계 미국인 사업가였는데 그가 내게 누구냐고 묻더군요. 그 방에는 백인이 단 세 명뿐이었고 모두 심사위원들이었습니다(물론 나도 그중 하나였지요). 그 방에 있는 다른 사람들은 모두 한국계 미국인들이었지요. 나는 테이블 끝에 앉아 있었던 데다가 내 쪽 테이블에 있는 유일한 백인이어서 눈에 좀 띄었던 것 같습니다. 그는 내게 무슨 일을 하고 있는지를 물었고, 나는 유타주 브리검영대(BYU)의 한국사 및 한국문학 교수이며 이번 프로젝트의 객원 심사위원을 맡고 있다고 대답했습니다. 그러자 그가 묻더군요. "오, 우리 문학작품에 대해 아는 게 좀 있으신가요?" 그의 태도는 나 같은 백인이 한국문학에 대해 뭘 알고 있을지 믿을 수 없다는 듯 사뭇 도전적이었지요.

나는 "네, 조금요. 학교에서 한국의 전근대 문학과 시, 그리고 현대문학을 가르치지요"라고 대답했습니다.

그가 다시 말했습니다.

"우리 시를 아신다고요?"

"조금 알지요. 시조도 좀 알고 있고요…"

내 말이 끝나기도 전에 그가 말했습니다.

"우리 시조도 아신다고요? 한번 들어봅시다."

저녁 식사 시간에 그렇게 무례하게 구는 것은 정상적인 태도는 아니었지요. 나는 정몽주의 〈단심가〉를 읊었습니다.

이 몸이 죽고 죽어 일백 번 고쳐 죽어
백골이 진토되어

그쯤 읊었을 때 나는 방이 갑자기 조용해졌다는 것을 알았지요. 방 전체에 고요함이 흘렀습니다. 가까운 곳에서는 완전한 침묵이 흘렀고, 좀 더 먼 곳에서는 작은 수군거림이 들렸지요. 나는 방 전체가 조용해지면서 그 방 안에 있는 모든 사람들이 내게 귀를 기울이고 있다는 것을 알게 되었습니다.

넋이라도 있고 없고
임 향한 일편단심이야 가실 줄이 있으랴

정몽주의 시를 읊는 내 목소리 외에는 어떤 소리도 들리지 않았어요! 그러고는 박수 소리가 침묵을 깼습니다. 나는 이 모든 일에 완전히 압도되었지요. 하지만 그게 끝이 아니었습니다. 심사위원 중 한 명인 백인 여성(한국어는 못했지만 영어 교수로 심사위원회에 참여한 분입니다)이 침묵을 깨고 "그 시조를 영어로도 읊을 수 있겠느냐"고 물었습니다.

나는 "물론이지요"라고 말하고 영어로 〈단심가〉를 읊었지요.

Though I die, and die again, though I die one hundred deaths,
After my bones have turned to dust, whether my soul lives on or not,
My red heart, forever loyal to my King, will never fade away.
내가 죽고, 또 죽고, 백 번을 죽어도,
내 뼈가 흙으로 변한 뒤에, 내 영혼이 살아 있든 없든,

왕에 대해 영원히 충성하는 내 마음은 결코 사라지지 않을 것이다.

방 안은 다시 조용해졌고 나는 그 영어 교수님이 숨 막혀 하는 소리를 들었습니다. 그녀는 숨을 제대로 쉬지 못했습니다! 그 상황을 한국어로 표현한다면 '기가 막혀 말을 잊다' 정도가 되겠지요. 영어로는 '아무도 숨을 쉴 수 없을 정도로 방 안의 분위기를 압도했다'(it sucked the oxygen out of the room) 정도가 될 것입니다.

그 영어 교수님은 그 시를 들었을 때 대단한 시라는 점을 알았을 것입니다. 그 방에 있는 모든 사람들도 그들이 방금 시의 걸작을 들었다는 것을 알았지요. 600년 된 정몽주의 목소리를 들었으니까요. 그들은 그 시가 특별하다는 것을 알았습니다. 물론 나도 마찬가지였지요! 나는 시조에 힘이 있다는 것을 일찌감치 배워서 알고 있었으니까요. 그건 진정한 힘이었습니다.

다음 날 밤 연회장에서 열린 회의에 그 학교의 교수 몇 분이 우리를 위해 시를 써서 낭독해 주었습니다. 나는 시에 힘이 있다는 것을 새삼 다시 한번 배우게 되었지요.

하버드대 대학원에서 내 지도교수였던 마샬 필(Marshall Pihl) 교수님은 '시는 공연되는 것'이라고 말하곤 하셨지요. 그렇습니다. 시는 언제나 공연됩니다. 당신이 시를 낭독하거나 들을 때, 또는 시를 읽을 때, 시가 그 페이지에서 춤을 추고 있는 것입니다. 공연을 하는 것이지요.

몇 년 전

내가 1984년에 BYU에서 한국어를 가르치기 시작했을 때, 나는 막 시작한 이 프로그램의 두 번째 교수였습니다. 인문학관 본관 홀에는 세계의 주요 문학작품에 대한 그림들이 걸려 있었지요. 그림 한쪽에는 그 작품에 대한 설명이 붙어 있었습니다. 셰익스피어의《로미오와 줄리엣》, 마크 트웨인의《허클베리 핀의 모험》, 빅토르 위고의《레 미제라블》, 세르반테스의《돈키호테》, 톨스토이의《전쟁과 평화》, 도스토옙스키의《카라마조프의 형제들》, 괴테의《파우스트》, 단테의《신곡》등 지옥편, 조지 엘리엇의《사일러스 매너》, 초서의《캔터베리 이야기》, 무라사키 시키부의《겐지 이야기》, 조설근의《홍루몽》같은 세계적 문학 작품들이었지요.

한국 작품은 하나도 없었습니다. 그래서 학장에게 가서 물어봤더니 한국 프로그램을 이제 막 시작했기 때문에 '세계문학'에 기여한 한국 작품이 있다면 전시할 수 있을 것이라고 대답해주었습니다. 그러면서 내가 좋아하는 작품이 있으면 추천해달라고 부탁하더군요.

하지만 그 일은 내가 생각했던 것보다 더 큰 문제였습니다. 한국문학의 경우, 옛날에는 양반의 전통이 엄격해서 창작소설은 일반 대중들이나 즐기는 것이지 선비가 관심을 가질 만한 것은 아니라는 생각이 팽배했습니다. 그래서 적어도 공개적으로는 한국 문학사에는 '작가가 제대로 쓴' 소설 같은 것이 없다고 생각했기 때문이지요. BYU에 전시된 모든 작품에는 그림과 함께 이야기의 주제와 그 이야기의 작가에 대한 상세한 설명이 붙어 있었는데, 내가 과연 어떤 한국 작품을 추천할 수 있었을까요?

《춘향전》은 가장 사랑받는 이야기이지만 저자를 알 수 없는 판소리 문학이었습니다. 《흥부전》과 《심청전》도 마찬가지였지요. 허균의 《홍길동전》을 말하는 사람도 있습니다만 일부 학자들은 가장 오래된 판본도 허균 사후 200년 후에 유행한 문체여서 허균이 그 소설을 썼을 리가 없으며, 실제로 허균이 썼다는 증거도 없다고 주장합니다. 그저 입으로 전해지는 민속 문학에 불과하다는 것이지요. 《구운몽》은 어떨까요? 김만중이라는 작가가 썼다는 것도 분명하니까요. 하지만 그 소설을 읽어 보았나요? 소설의 무대가 중국인데 어떻게 한국문학의 걸작이라고 말할 수 있겠습니까?

한국문학의 대표 작품을 선정하는 데 이런 문제점들을 겪으면서 나는 '세계적인 문학'이라고 내세울 만한 한국 최고의 문학은 시조라는 결론을 내렸습니다. 시조야말로 600년 전부터 있었고 오늘날까지 전해지는 짧지만 훌륭한 시의 형식이니까요.

《겐지 이야기》 이상으로 세계문학에 가장 크게 기여한 일본 문학이 무엇이냐고 물으면 일본 문학을 세계에 알린 가장 큰 공로자는 하이쿠(俳句, 일본의 시 형식 가운데 하나로 3행 17음절로 구성되었으며 각 행은 5·7·5음절로 구성되어 있음 - 옮긴이)라고 말합니다. 왜 그럴까요? 하이쿠가 미

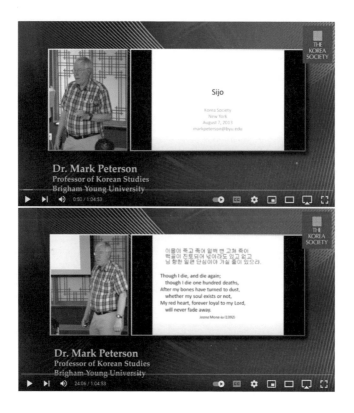

필자의 시조 교육 장면

국 교육과정에 완벽하게 포함되었기 때문이지요. 따라서 미국의 모든 학생은 원래 형태의 하이쿠를 공부하고 하이쿠를 쓸 수 있게 된 것입니다.

몇 년 전 내가 학생들에게 시조에 대해 가르치면서 그들에게 하이쿠를 배웠는지 물었지요. 고등학교 때 배웠다고 대답하더군요. 세월이 지난 뒤 나는 미국 학생들이 중학교에서도 하이쿠를 배운다는 것을 알게 되었고, 나중에는 초등학교 3, 4학년 때부터 하이쿠를 배운다는 사실을 알게 되었습니다. 그러니까 하이쿠는 이미 미국 문화의 일부가 되어 있었던 것이지요.

이러한 여러 사실을 고려해볼 때 나는 시조도 미국뿐만 아니라 전 세계에서 하이쿠처럼 잘 받아들여질 수 있다고 생각하게 되었습니다. 그리고 마침내 시조를 세계문학의 일부로 받아들이는 방향으로 미국의 교육과정을 이끌 수 있을지 알아보기 위한 장도에 나섰지요. 하이쿠에 도전장을 던진 것입니다.

이제 미국과 전 세계에서 '시조 운동'이 시작되고 있습니다. 여러 곳에서 시조 대회가 열리고 있습니다. 가장 큰 대회는 '세종문화회'라는 시카고의 작은 단체가 후원하는 대회로 미국에서 14년째 개최되고 있지요. 고등부에는 1,000명이 넘는 학생들이 참가하고 있고, 성인부에도 200~300명이 참가해 경쟁을 벌입니다. 또 L.A., 위스콘신, 오하이오, 미시간, 켄터키 등지에서도 시조 경연대회가 열린다고 들은 바 있습니다. 또 시조에 대한 웹사이트도 늘어나고 있지요. 세종문화회는 미국 이외의 시조 작가들이 참가해 경쟁하는 '국제부'도 만들어 더욱 활발한 운동을 전개하고 있습니다.

시조 운동의 또 한 가지 도전은 시조가 한국에서 새로운 생명을 얻게

하는 것입니다. 내가 몇몇 한국 친구들에게 시조에 관심이 있다고 말하면 그들은 "아, 그래, 시조, 오래전에나 하던 거지"라고 말하더군요. 그게 바로 문제입니다. 한국의 많은 사람들에게 시조는 살아 있는 시가 아니라 고대의 시 형식일 뿐입니다. 학교의 시험 방식도 문제의 원인이지요. 고전 시조에 대한 문제를 낼 때 항상 선다형 객관식으로만 문제를 내니까요. 그런 식의 시험 방식 때문에 문제가 해결되지 않고 계속되는 것입니다.

한국에서 시조를 살리기 위한 수단으로, 그리고 창의력을 북돋우는 방법으로 시조 대회를 개최한다면 시조 전통을 살리는 데 큰 도움이 될 것입니다. 그리고 나는 한국의 교육 시스템이 오랫동안 암기력에만 치중해서 창의력을 기르는 데 부족하다는 비판을 자주 들어왔습니다. 이런 비판은 시조에도 해당되지요. 새로운 시조를 쓰는 것을 장려하기보다 고전 시조를 암기하는 시험만 계속 본다면 그런 비판은 타당한 비판일 것입니다. 정답은 무엇일까요? 고전을 배우는 것도 좋지만 새로운 시조를 쓰는 창의적 활동에 더 많은 시간을 보내는 게 좋지 않을까요? 시조에서 이러한 접근법이 타당하다면 시와 문학의 다른 많은 분야에도 타당할 것입니다.

미국인이 지은 시조

최근 대회에서 수상한 미국인의 시조 몇 편을 소개하고자 합니다.

2020년 위스콘신주 대회 성인부 1위 수상작, 토마스 싱글턴(Thomas Singleton)의 시조입니다.

〈무제〉

Seeker, consider the frog. The little, green yogi sits for hours

Motionless, unblinking, present, tongue ready to catch a fly

Be like him. Acquire patience. Then feel free to spit out the fly.

찾는 자여, 개구리를 보게나. 그 작은 초록색 요기(요가 수행자)는 몇 시간 동안 앉아 있다네.

꼼짝하지 않고 눈도 깜빡이지 않으며 그 자리에 있지만 그 혀는 파리를 잡을 준비가 되어있다네.

개구리처럼 인내심을 지닌다면 언제든 혀를 뻗어 파리를 잡을 수 있을지니.

세종문화회 텍사스주 대회 성인부 1위 수상작, 휴스턴의 앨리스 데이비슨(Alice Davidson)의 시조입니다.

That sweater, so warm and soft – yet full of holes, hangs unworn.

"Let's toss it!" Downsizing means tough decisions. "No one wears it."

"Wait!" I cry. "Grandma made that when I was young. It still fits."

너무나 따뜻하고 부드러운 스웨터, 볼품없이 입지 않은 채 걸려
만 있지요.

"그냥 버리자!" 버리는 것은 힘든 결정, 하지만 "아무도 입지 않
는걸."

내가 소리쳤지요. "안 돼! 어렸을 때 할머니가 만들어주신 스웨
터, 지금도 잘 맞을 거야."

2020년 세종문화회 브리티시 컬럼비아주 대회 고등부 1위 수상작,
앤디 자오(Andy Zhao)의 시조입니다.

〈잃어버린 편지〉

A hundred thousand love-filled letters I have written for you.

Tonight, my pen runs dry, trapping my words within my mind.

Why do I still stoke the flame that I know will never warm me?

당신을 위해 사랑이 넘치는 편지 10만 통을 썼습니다.

오늘 밤, 펜이 바닥나서 더 이상 쓰지 못하고 내 말을 마음속에 가
두었답니다.

나는 왜 아직도 불꽃에 불을 붙이는가? 불꽃이 나를 따뜻하게 하
지 못한다는 걸 알면서도.

2016년 위스콘신주 대회 고등부 1위 수상작, 오스틴 스넬(Austin Snell)의 시조입니다. 최근에 돌아가신 이모에 대한 고등학교 남학생의 감상을 시에 잘 표현했지요.

〈엠마〉

My new dog, little Emma, a gift to us from the heavens.

My aunt passed, stupid cancer, my mom distraught. Everyone muted.

I can look into Emma's eyes, she's still here, on four paws.

나의 새 강아지, 귀여운 엠마는 하늘이 우리에게 준 선물.

이모는 그 바보 같은 암으로 돌아가셨지. 엄마는 너무 슬퍼하셨고 모두는 할 말을 잃었어.

하지만 엠마의 눈을 들여다보면 이모가 아직 여기 있다는 걸 알 수 있지.

이처럼 영어로 만든 멋진 시조가 많이 있습니다. 우리는 이제 막 시작 단계이지요. 앞으로 더 창의적이고, 감동적이고, 감성적이고, 가슴 아픈 시들이 많이 나올 것입니다. 우리는 영어 시조를 한국어로 번역하고, 한국어 시조를 영어로 번역하는 작업을 해야 합니다. 더 나아가 스페인어, 독일어, 러시아어, 일본어, 중국어, 그리고 세계의 모든 다른 언어로 쓴 시조들이 있다는 것을 잊지 말아야 합니다. 한국문학 중에서 세계문학에 가장 큰 공헌을 한 것이 바로 시조이니까요.

국제사회는 이제 막 시조를 쓰기 시작했습니다. 하지만 한국 국내에서보다 해외에서 시조를 더 많이 쓰고 있다는 사실이 충격적이지 않나요? 그렇습니다. 한국 밖에서 시조 운동이 활발하게 성장하고 있으니 이제 국내에서도 시조를 한국 문화의 살아 있는 전통으로 부흥시키고, 교육 시스템 내에서뿐만 아니라 방과 후 생활 속에서도 시조를 쓰는 훈련을 계속함으로써 학생들이 더 창의적이 되기 위한 길을 마련해주어야 합니다. 시조 만세, 만만세.

Words of The Frog Outside the Well

우물 밖의 개구리의 한마디

·

Sijo can become as popular in America as haiku — there is not an American child that has not written a haiku. Sijo can become similarly popular in America and around the world.

시조는 미국에서 일본의 하이쿠만큼 인기를 끌 수 있다. 하이쿠를 쓰지 않은 미국 아이가 거의 없을 정도다. 시조도 미국과 전 세계에서 하이쿠 못지않은 인기를 얻을 수 있다.

8장

《흥부전》은 저항 문학이다

Q   문학 분야에서 교수님은 시조에 관해 책을 내고 논문을 쓰셨지만 전근대 문학, 특히 《흥부전》에 대해서도 논문을 쓰셨습니다. 흥부 이야기에 대한 교수님의 새로운 해석은 많은 사람들에게 한국 고전문학에 대한 새로운 시각을 열어주었습니다. 흥부 이야기 외에 새로운 통찰력을 제시한 다른 고전 이야기도 있나요?

A   한국의 고전문학은 하버드대 박사과정 자격시험을 준비하면서 공부한 분야 중 하나였습니다. 나는 훌륭한 선생님이자 번역가이신 마샬 필(Marshall R. Pihl) 교수님 밑에서 공부했지요. 그는 항상 전근대 문학의 교훈적 본질을 강조하셨습니다. 전근대 문학은 항상 권선

징악이라는 유교의 가치를 내포하고 있었고, 필 교수님은 고전 이야기에서 삼강오륜을 쉽게 찾을 수 있다는 점을 지적하셨지요.

그러니까 《춘향전》은 오륜 중 부부유별(夫婦有別)을, 《심청전》은 부자유친(父子有親)을, 〈흥부전〉은 장유유서(長幼有序)를 강조하고 있지요. 이 이야기들은 하나같이 삼강오륜의 패러다임에 꿰맞추어져 있지만 교훈적 관점에서 이야기를 본다면 《흥부전》이야말로 제격이라고 할 수 있습니다. 《흥부전》은 오륜 중에서도 형제애 패러다임을 강조한 이야기로 알려졌지요. 다른 소설도 깔끔하게 정리하자면 《홍길동전》은 군신유의(君臣有義), 《구운몽》은 삼강오륜 8가지 교훈 모두를 망라하고 있지 않습니까?

고전문학을 보는 전통적인 방법은 그 안에서 가치관을 배우는 것입니다. 그것이 한국의 학교에서 고전문학을 가르치는 방식이기도 하지요. 우리가 영어로 《춘향전》을 배울 때 춘향이를 '충실한 아내'로 배우곤 하지요. 아마도 '열녀'라는 유교적 가치를 가르치기 위해서일 것입니다. 한국에서는 '열녀'를 기리기 위해 비석을 세우기도 하지요.

심청은 아버지를 위해 자신을 희생하는 특별한 효녀로 묘사되는데, 이 또한 효의 가치와 부모를 잘 섬기라는 것을 가르치기 위한 이야기입니다.

흥부 이야기의 결말에서 우리는 나쁜 놀부를 너그럽게 용서합니다. 놀부는 온갖 악을 저지르지만 결국에는 재산을 다 잃고 다시 겸손해지

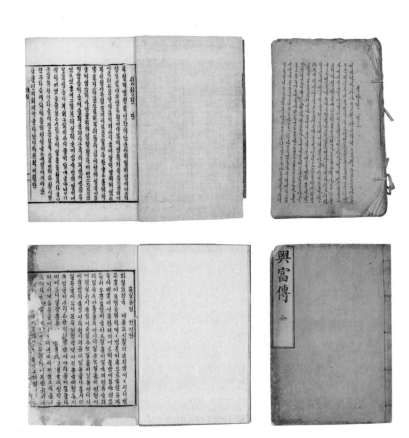

《심청전》,《춘향전》,《흥부전》,《홍길동전》(위부터 시계 방향으로)

면서 흥부의 집으로 돌아와 환영받고 모든 것을 용서받습니다. 놀라운 이야기이지요! 흥부는 형을 사랑하고 그의 모든 악행을 용서합니다. 멋진 사랑과 구원의 이야기입니다. 진정한 형제의 사랑, 바로 형제애를 가르쳐주는 이야기이지요.

홍길동은 그의 산적 행위와 무법 활동에도 항상 임금을 칭송하고 충성합니다. 홍길동이 싸우는 악은 임금이 아니라 정부에 도사리고 있는 부패 관리들이기 때문에 오륜 중 군신유의를 모범적으로 구현한다고 볼 수 있습니다.

17세기 후반 정통 유교의 전통을 받아들인다는 명분으로 도입된 양자 입양 제도(이것이 결국 한국을 부계 사회로 이끌었지만)를 조사하면서 나는 인구등록문서, 상속문서, 족보, 그리고《계후등록》이나《조선왕조실록》같은 정부 문서에서 나타난 입양 관행과 상속 관행을 연구했습니다. 그러다가 판소리 가수들이 흥부와 놀부에 대해 노래하는 것을 들으면서 흥부 이야기가 어쩌면 상속 관행의 변화와 관련이 있을지 모른다는 생각이 들었지요.

딸들이 상속권을 완전히 잃은 것과 동시에 상속 관행의 변화는 작은 아들들에게도 일어나고 있었습니다. 시장 광장에서 판소리 가수가 〈흥부가〉를 부르는데, 그 내용인즉슨 모든 형제자매에게 동등하게 상속 재산을 나누는 관행이 중단되고 장남에게 모든 통제권을 주기 시작했다는 것이었지요. 사람들은 그 이야기를 알고 있었기 때문에 그 노래가 무엇을 의미하는지 알았습니다. 작은아들들에게도 뭔가 불공평하고 불공정한 일이 일어나고 있었지요. 판소리의 장점은 관객들에게 직접 반응할 수 있다는 점입니다. 사람들이 걱정하고 있는 일들에 대해 사람들과

대화를 나눌 수 있다는 것입니다. 당신의 상속권이 박탈당한다면 그것은 당연히 걱정할 일이지요. 판소리 가수는 바로 그런 상황을 노래하고 있는 것입니다. 그런 부정과 불공정에 대한 공감을 노래하지요. 노래하는 것 외에 할 수 있는 방법이 없었으니까요. 하지만 함께 노래하고, 웃고, 같은 상황에 처한 다른 사람들을 아는 것만으로도 문제를 헤쳐나가는 데 도움이 되었겠지요.

나는 이 판소리를 들으면서 17세기 후반 상속 관행에 변화가 일어난 것과 거의 같은 시기에 〈흥부가〉라는 판소리가 생긴 것에는 분명히 어떤 관련이 있다는 생각이 들었습니다. 거기서 한 아이디어가 떠올랐지요. 그 무렵, 그러니까 90년대 후반쯤, 나는 안동에 있는 한국학 연구 센터에서 열린 학회에 초대를 받았습니다. 국제회의였으며 20~30명의 학자들이 발표했습니다. 다음 날 〈안동신문〉에서 우리 학회에 관한 기사를 보도했는데 내 논문이 헤드라인으로 실린 것을 보고 깜짝 놀랐습니다. 내가 그 학회에서 발표한 논문이 보도되었고 나는 그제야 내 생각이 한국인들에게 매우 중요하게 받아들여지고 있다는 사실을 알게 되었지요.

내 논문의 요점은 《흥부전》이 저항 문학이라는 것이었습니다. 형이전 재산을 차지하는 부당함을 노래로 지적하는 것이지요. 이 이야기는 전형적인 판소리 유행에 따라 희극적인 특징을 많이 지니고 있습니다. 특히 놀부는 믿을 수 없을 정도로 사악하게 묘사됩니다. 욕심만 많은 사람이 아니라 뿌리 깊은 도덕적 결함이 있는 사람으로 말이에요. 너무 사악하게 묘사되어 재미있을 정도니까요. 하지만 판소리는 상속제도의 폐해를 지적하는 것을 잊지 않고 있습니다. 비록 판소리 자체가 사회 제도를 바꾸지는 못하지만 부당하게 상속권을 박탈당한 사람들의 목소리를 들려주고 있는 것이지요.

그렇습니다. 《흥부전》은 형제애에 관한 이야기지만 사실은 그 이상입니다. 놀부가 형제애를 받을 자격이 없을 만큼 악한 인물로 묘사되면서 단지 그 메시지(형제애)를 가르치는 이야기에 그치는 것이 아니라 더 놀라운 이야기, 즉 그 메시지를 넘어 저항 문학이라는 이상에 다가가고 있는 것입니다.

이후 나는 《춘향전》과 《심청전》 같은 다른 판소리 소설도 다시 살펴보기 시작했습니다. 《춘향전》과 《심청전》도 판소리 이야기이므로 《흥부전》과 같이 아마도 한 가지 이상의 해석이 가능할 수 있다는 생각이 들었기 때문이지요. 어쩌면 그 이야기들에도 저항 문학의 요소가 있을지 모릅니다.

《춘향전》은 '충실한 아내'의 이야기이지만 사실 성춘향은 기생의 딸이지요. 이도령은 시골 현감의 아들이었고 과거 시험을 준비하는 젊은이였습니다. 이것은 그가 첩의 아들이 아니며 또한 춘향이를 합법적인 아내로 맞이할 수 없다는 뜻이기도 하지요. 물론 춘향이를 첩으로 삼을 수는 있지만 완전한 본처로 삼을 수는 없었습니다. 안타깝게도 이 상상의 도피 문학에서 춘향이 결코 이도령의 아내가 될 수 없다는 잔혹한 진실을 말한 사람은 오직 변학도뿐이었지요. 그렇습니다. 악인으로 등장하는 관리가 진실을 말하고 있는 것입니다. 다만 그 이야기를 전하는 판소리를 듣는 사람들에게 그 진실이 전달되지 못하는 것은 아이러니라 할 수 있습니다. 어쩌면 악인이 말하는 진실을 진실로 받아들이지 않게 함으로써 하류층 여인이 상류층 도령과 결혼할 수 있다는 환상에 더 깊이 빠지게 해 환상을 계속 이어가려는 의도일 것입니다. 적어도 판소리 가수의 노래에 푹 빠져 있는 동안에는 그런 환상에 젖어 있을 수 있겠지요. 그러나 다른 차원에서 그런 환상을 갖게 하는 것은 옳지 않습니다. 그러니 결국《춘향전》도 저항 문학의 한 형태라고 볼 수 있습니다.

열녀 춘향은 사실 충실한 아내가 전혀 아니지요. 흥부와 놀부 이야기처럼 이 관계에도 깊은 문제가 있습니다. 만약《춘향전》을 도덕적인 교훈을 가르치려는 교훈적 문학작품으로만 간주한다면 그런 관계(양반집 도령과 기생의 딸과의 관계)를 이상적으로 보는 것은 심각한 문제가 있지요. 하지만《춘향전》을 저항 문학이라고 본다면 충분히 말이 됩니다. 왜 이 충실한 소녀가 완전한 아내가 되는 영광을 누릴 수 없단 말인가? 하지만 현실 사회에서 그런 일은 절대 일어날 수 없지요. 거기에 부당함이 있으며 이 이야기를 저항 문학으로 보는 이유입니다.

자식으로의 도리를 다하는 효자의 자리에 효녀 심청이 있습니다. 여기에는 어떤 문제가 있을까요? 심청은 아들이 아니라 딸이지요.《심청전》은 어쨌든 아들이든 딸이든 효자와 효녀의 덕을 찬양하는 이야기로 읽힐 수 있습니다. 그러나 여기에도 저항 문학의 요소가 있습니다. 심각한 문제가 있는 형제를 다룬《흥부전》이나 정식 아내가 될 수 없는 여인을 다룬《춘향전》처럼,《심청전》도 딸이 아들만큼, 아니 어쩌면 아들보다 더 잘할 수 있다고 말하고 있는 것이지요. 여기서의 저항은 이 이야기를 읽는 이들에게 자신의 딸들을 부당하게 대우하지(소홀히 여기지) 말라고 말하는 것입니다. 당시 딸들은 상속권을 상실한 상태였지만 아들 못지않은 역할을 했지요. 다시 말하지만 상속 관행이 변한 후의 사회 모습을 그린 흥부 이야기처럼 심청 이야기도 딸에 대한 일반적인 차별과 최근에 벌어진 딸들에 대한 상속권 박탈에 대한 이중적 저항입니다. 그리고 17세기 말과 18세기 초에 걸쳐 막 불어닥친 부계 사회 자체에 대한 저항이 세 번째 차원의 저항이라고 할 수 있겠지요.

정통 유교를 받아들인다는 명분으로 사회적 변화(이른바 부계 사회로의 변화)가 일어났지만 세월이 흘러 이런 변화에 대한 의식이 역사 속으로 희미해지면서 저항 문학의 이야기들이 도덕적 교훈을 가르치는 이야기로 간주된 것입니다.

저항 문학에 들어갈 작품이 하나 더 있습니다. 판소리 이야기는 아니지만《홍길동전》은 앞에 언급한 판소리 이야기보다 저항 문학의 패러다임에 더 부합하지요. 사실《홍길동전》이야말로 처음부터 끝까지 명백한 저항 문학이라고 할 수 있습니다. 이야기의 처음부터 우리는 그가 서자로 태어났다는 것을 알게 됩니다. 뒤에 이어지는 나머지 모든 이야기는 서자가 얼마나 심한 대우를 받았는지에 관한 내용이지요. 그리고 결국 그는 한국 땅을 떠나 외딴 섬에서 이상 사회를 건설합니다. 이 결말을 어떻게 해석해야 할까요?《홍길동전》이야말로 한국 사회에 대한 진정한 비난을 담고 있습니다. 서자는 끝까지 구원받지 못했으니까요. 유일한 구원은 한국을 탈출하는 것이었습니다.

홍길동은 비록 판소리 문학은 아니지만 구전 이야기의 모든 특징을 가지고 있습니다. 여러 가지 버전이 전해지고 있고, 짧은 에피소드 장(章)들로 구성되어 있지요. 할아버지가 손자들에게 오늘 밤에 한 장의 이야기를 해주고, 내일 밤에는 또 다른 장의 이야기를 해주고, 그렇게 계속 한 장씩 이야기를 들려주기에 딱 좋게 되어있습니다. 손자들은 할아버지께 조르지요. "할아버지, 홍길동 시대 이야기 하나만 해주세요…."

결론은?

홍길동이 순수 저항 문학이라는 데에는 어떤 이의도 없으리라 생각합니다. 하지만 판소리 문학도 저항 문학이라는 관점은 어떤 사람들에게는 새로운 생각일지 모릅니다. 그러나 그런 생각은 이미 널리 퍼져 있지요. 판소리 이야기에 저항적 요소가 있다고 말하는 사람들이 꽤 있으니까요. 이에 대한 내 생각이 얼마나 새로운 것인지 처음에는 알기 어려웠지만 사람들이 내 유튜브 채널에 반응하는 방식과 《흥부전》에 대한 나의 해석을 특집으로 다룬 신문의 보도 방식을 보고 큰 인상을 받았습니다. 이제 대부분의 한국 사람들도 어느 정도 내 접근 방식이 새롭다는 점을 발견하는 것 같습니다.

그리고 그것이 바로 이 책의 요점이지요. 이제 한국 역사를 우물 밖의 개구리의 새로운 관점으로 보아야 한다는 것입니다.

Words of The Frog Outside the Well
우물 밖의 개구리의 한마디

•

The thing that's unique about traditional Korean literature is that so much of it is written by anonymous writers. That is probably because serious yangban writers only consider non-fiction as important literature.

한국 전통 문학의 특징 중 하나는 많은 작품들이 익명의 작가들에 의해 쓰였다는 점이다. 그것은 아마도 진지한 양반 작가들이 소설 같은 허구 작품보다는 실제 역사만을 중요한 문학으로 생각했기 때문일 것이다.

한국인에게 드리는 당부

"이제는 확실히 바꾸고 싶다(move the needle)"

"move the needle"이라는 말은 어느 실체의 방향을 바꾸고 싶다는 뜻으로 쓰이는 표현이다. 여기서 내가 말하는 실체는 한국이고, 바늘이라는 의미의 needle은 한국 역사를 보는 한국인의 관점을 말한다.

나는 하버드대학교 박사 논문을 코넬대학교에서 출판했고, 한국 교육계가 내가 연구한 것을 알기 원했기 때문에 많은 노력을 기울여 내 논문 원문(영어)을 한국어로 번역했다.

내가 말하고 싶은 것은 이것이다. "대학과 대학원에서 8년, 10년 동안 연구해서 논문을 썼지만, 고등학교 교과서에 그중 단 한 단락만 나왔으면 좋겠다"라는 것이다. 나는 그동안 내 연구가 한국 교과서에 나오기를 계속 기다렸다. 하지만 결국 실리지 않았다.

"8년, 10년 동안 연구해서 논문을 썼지만
고등학교 교과서에 그중 단 한 단락만 나왔으면 좋겠다."

내가 교과서에 실리기를 원하는 한 문단은 바로 한국의 유교는 17세기 후반 이전과 이후가 근본적으로 달랐다는 것이다. 결국 조선 후기에 한국 유교는 다음과 같이 변했다:

- 남성 지배 사회구조
- 조상에 대한 제사 의식 강화
- 장남과 종손 개념의 부상
- 가정에 친자가 없는 경우 양자 상속인 입양
- 모든 아들과 딸에게 평등하게 물려주던 상속제도가 장자 상속(장남이 모든 재산을 통제)으로 변화
- 자유롭고 균형 잡힌 결혼 방식(시집간다와 장가간다가 모두 통용)이 완전한 부계 결혼 관행으로 변화

내가 '중국식 유교화'라고 부르는 이 모든 변화는 1670년에서 1700년 사이에 일어났다. 그것은 나쁜 방향으로의 사회적 혁명이었다. 그모

든 변화는 1592년의 일본 침략 전쟁(임진왜란) 때문이 아니라, 거의 한 세기가 지난 후에 일본 침략이 아닌 다른 요인들에 의해 일어난 것이었다.

내가 '중국식 유교화'라고 부르는 이 모든 변화는
1670년에서 1700년 사이에 일어났다.
그것은 나쁜 방향으로의 사회적 혁명이었다.

이것이 바로 내가 고등학교 교과서에서 보고 싶은 '단락'이다. 이 내용이 고등학교 교과서에 나와 있는가? 아니다. 없다. 왜 그럴까? 나는 많은 사람들이 역사는 변하지 않고 정해져 있는 것이어서 쉽게 재검토하거나, 재분석하거나, 재평가할 수 없다고 생각하기 때문이라고 생각한다. "역사는 이미 일어난 일이야. 이미 끝난 일이고, 모든 책에도 이미 그렇게 쓰여 있어"라고 생각하는 것이다.

물론 그것은 전혀 사실이 아니다. 시간이 지남에 따라 새로운 사실이 밝혀지고, 새로운 해석 이론이 개발되기 때문에 역사는 재조명될 수 있고 또 그렇게 되어야 한다.

이를 달리 말하자면 내가 처음 한국에 왔던 1965년에 본 한국사와 2022년에 바라보는 한국사는 매우 달라야 한다는 것이다. 왜 그럴까? 역사는 기본적으로 '우리가 어떻게 여기까지 오게 되었는가?'라는 질문에 대한 답이다. 그러니까 우리는 누구인가에 대한 설명이다. 한국인이든, 미국인이든, 서울대학교의 학생이든 교수든, 한국로타리 클럽 회원이든, 한 집단을 이루고 있는 우리는 모두 우리 자신의 역사를 가지고 있다.

내가 처음 한국에 왔던 1965년에 본 한국사와
2022년에 바라보는 한국사는 매우 달라야 한다.

한국에는 물론 '한국의 역사'가 있다. 그래서 외국인이 한국 역사에서 이미 인정되어온 '공식적인 이야기'와 반대되는 이야기를 할 때면 매우 조심스럽다. 내가 한국 역사의 많은 것들을 다르게 본다고 처음 말했을 때 한국 학생들, 한국계 미국인 학생들, 한국 친구들은 "우리는 그렇게 생각하지 않아"라고 말했다. 그 말은 곧 내가 틀렸다는 의미다. 더 이상 무슨 말이 필요하겠는가. 적어도 한 나라의 '국사'에 대해 말할 때는 정확하게 말하지 않으면 표준 역사를 배운 모든 사람들의 비난을 감수해야 한다.

사실 나 역시 한국 역사에 대해 비정통적인 견해를 주장했다는 비판을 받았지만, 지금은 상황이 달라졌다. 한국 역사에 대한 내 관점은 여러 가지 면에서 너무 다르기 때문에 내 말을 듣는 사람들은 오히려 내 생각을 환영하는 경향이 있다. 내 주장이 한두 가지의 비정통적인 진술을 하는 것이 아니라 한국 역사에 대한 완전한 방향 전환을 일관되게 말하고 있기 때문이다.

앞서 말했듯이 1965년의 한국을 본 다음 2022년의 한국을 보라. 완전히 다른 나라가 되었다. 역사가 "우리가 어떻게 여기까지 왔는가?"라는 질문에 대한 답이라면, 그리고 그것이 역사의 역할이라면, 1965년의 '여기 한국'과 2022년의 '여기 한국'은 근본적으로 다른 나라다. 우리가 어떻게 '여기까지' 오게 되었는가를 말해주는 것이 역사라면, 1965년에 쓰여진 한국의 역사가 2022년에 쓰여진 한국의 역사와 같을 수가 없다.

아시다시피 1965년의 한국은 절망적으로 가난한 나라였다. 이곳저곳 할 것 없이 온 나라가 가난했다. 그것이 그 당시의 주제였다. 모두가 가난했다. 그것도 아주 찢어지게 가난했다. 1인당 연간 소득이 125달러에 불과했다. 아마도 당시 한국보다 더 가난한 나라는 없었을 것이다. 물론 가난한 나라가 몇 개국 있었지만, 한국보다 더 가난하진 않았다. 그러니까 당시 한국은 세계에서 가장 가난한 나라였다. 그리고 당시의 역사는 그 이야기를 말하고 있었다. "우리가 어떻게 이렇게 가난해졌을까?" 그리고 그 질문은 필연적으로 또 다른 질문들로 이어졌다. "우리가 어떻게 주권을 잃게 되었을까?", "우리가 어떻게 일본, 공산주의와의 전쟁 등, 온갖 종류의 희생자가 되었을까?" 1965년의 한국 역사는 그 이야기를 담고 있는 것이다.

하지만 2022년 한국 역사는 전혀 다른 질문을 던진다. "우리가 어떻게 이렇게 부자가 되었지?", "한국 역사에서 전쟁과 압제로부터의 회복을 말해주는 것으로 무엇이 있을까?", "한국은 어째서 여러 분야에서 다른 나라보다 더 뛰어날까?", "한국은 어떻게 군사 통치의 전통에서 벗어나 가장 강력한 민주주의 국가를 발전시켰을까?", "이런 질문들에 대한 답의 핵심이 교육이라면 한국은 왜 그렇게 수 세기 동안 교육에 대한 욕구를 잃지 않고 추구해왔을까?"

물론 이외에 더 많은 다른 질문들이 있을 수 있겠지만 당신은 내 말의 요점을 이해했을 것이다. 2022년을 살고 있는 우리에게 이제 더 이상 '1965년의 한국사'를 가르쳐서는 안 된다. 역사 교과서는 완전히 달라져야 한다. 이제는 한국이 이룬 성과, 독특함, 우수한 능력을 설명해 주는 질문을 던져야 한다. 그러니까 한국이 어떻게 해서 오늘날 이렇게 강하고 역동적인 나라가 되었는지를 설명해 주는 질문을 해야 한다.

이제 나는 그 모든 잘못된 역사관을 확실하게 바꾸고 싶다. '우물 밖의 개구리'로서 나는 우물 안 개구리들이 보지 못하는 것들을 볼 수 있으니까 말이다.

'우물 밖의 개구리'로서 나는
우물 안 개구리들이 보지 못하는 것들을 볼 수 있다.

이제 문제는 답답하고 우둔한 한국의 교육 시스템을 어떻게 하면 바꿀 수 있을까 하는 것이다. 한국의 교육 시스템은 여러 가지 면에서 단연 세계 최고다. 그러나 다른 측면에서 보면 특정 분야에서는 큰 진전이 없었다. 바로 역사 교육이 그런 분야 중 하나라고 생각한다.

물론 한국사 교육에서도 획기적인 변화가 있었던 것은 확실하지만, 적어도 한국사의 핵심 문제들에 대해서는 전반적인 방향 전환이 있어야 한다고 생각한다. 이 책에서 나는 그런 여러 가지 문제들을 개략적으로 설명했다. 그중에서 가장 중요한 것이 바로 한국 역사를 희생의 역사로 보는 관점이다. 물론 20세기만 보면 한국은 분명 희생의 역사를 가지고 있지만, 지금은 더 이상 20세기가 아니다. 그리고 20세기를 넘어 한국 역사를 보면 한국의 전 역사를 희생의 측면으로 보는 것은 사실도 아니거니와 비생산적이기도 하다.

한국 역사에는 강점이 많다. 한국은 그런 강점들을 찾아 내세우고 일제시대의 비판적 시각에서 벗어나야 한다. 특히 20세기 초 일본인들은 자신들이 한국보다 우월했기 때문에 더 우월한 역사를 가지고 있다고 주장했다. 한국의 왕조는 너무 길게 유지되었기 때문에 효과적인 발전을 이루지 못했다는 것이다. 안타깝게도 많은 한국인들은 이 생각을 받아들였다. 하지만 그것은 사실이 아니다. 한국의 왕조가 세계에서 가장 오랜 기간 유지되었다는 사실은 오히려 한국의 강점과 힘을 보여주는 상징이다.

한국의 왕조가 세계에서 가장 오랜 기간 유지되었다는 사실은
오히려 한국의 강점과 힘을 보여주는 상징이다.

일본이 한국 역사를 왜곡시킨 또 다른 중요한 관점은 왕조가 바뀔 때
마다 나라가 혁명적으로 발전하는 것이므로 왕조의 변화가 발전 단계
의 표시(marker)라는 생각이다(따라서 한국은 왕조가 오래 유지되며 크게 바
뀌지 않았으므로 발전하지 못했다는 주장이다. 이는 역사를 '발전 단계'의 개념으
로 본 유럽의 역사관을 받아들인 것이다). 그러나 왕조가 오랜 기간 지속되
었을 뿐 아니라 왕조 간 권력 이양이 안정적으로 이루어졌다는 사실이
야말로 한국이 매우 안정적이고 평화로운 사회였음을 보여주는 증거라
는 것을 학생들에게 가르쳐야 한다.

왕조가 오랜 기간 지속되었을 뿐 아니라
왕조 간 권력 이양이 안정적으로 이루어졌다는 사실이야말로
한국이 매우 안정적이고 평화로운 사회였음을 보여주는
증거라는 것을 학생들에게 가르쳐야 한다.

대궐의 혼란, 조정에서 벌어지는 음모, 왕족과 관료들 간의 사소한 다
툼을 강조하거나 그런 혼돈과 갈등의 이미지를 만들기보다는 그런 사
건들의 진면목, 그러니까 그런 사소한 다툼은 관료가 아닌 많은 백성들

에게는 전혀 영향을 미치지 않았다는 사실을 제대로 밝혀야 한다.

그리고 천 년이 넘는 세월 동안 이어져 온 한국의 진정한 선비 정신의 전통이 이웃 나라 일본의 사무라이에 비해 얼마나 훌륭한 것인지도 올바로 이해해야 한다. 과거 시험을 통한 관리의 채용! 이런 전통의 우수함은 아무리 강조해도 지나치지 않다. 무력에 의해 권력을 잡는 것이 아니었다. 한 지역의 우두머리가 다른 지역의 군주보다 더 강한 군사력을 갖는 것이 능사가 아니었다. 물론 전쟁으로 권력을 장악하는 것은 더더욱 아니었다. 한국에서는 칼이 아니라 붓으로 관리의 자리에 올랐다. '펜이 칼보다 강하다'는 본보기를 세계 역사상 가장 잘 보여주는 나라가 바로바로 한국이다.

'펜이 칼보다 강하다'는 본보기를
세계 역사상 가장 잘 보여주는 나라가 바로바로 한국이다.

바로 이런 사실을 한국사 수업에서 가르치고, 또 가르치고, 강조하고, 또 강조해야 한다. 일본의 군사적 힘을 결코 부러워해서는 안 된다. 그 힘은 세계 역사상 가장 부패하고 폭력적이고 파괴적이었다.

한국이 끊임없이 외세의 침략을 당하고 고난을 겪었다는 일반적인 불평도 바로잡아야 한다. 한국 역사에서 침략은 그렇게 많지 않았다. 물론 한국이 당한 몇몇 침략은 끔찍했다! 일본이 1592년에 한국을 침략한 것은 세계 역사상 최악의 잔학 행위 중 하나였다. 그러나 그렇다고 해서 한국에서 일어났던 모든 국경 교전과 사소한 해적 습격 사건까지 히데요시의 일본군이 200만에서 400만 명의 백성을 살해한 임진왜란과 같은 기준으로 평가되어서는 안 된다.

"한국에는 왜 김씨 성을 가진 사람이 그렇게 많을까?"

그리고 "한국에는 왜 김씨 성을 가진 사람이 그렇게 많을까?"라는 질문에 답해보라. 김·이·박 성씨가 그렇게 많은 이유에 대해서는 합리적인 설명이 필요하다. 한국에는 '남산에서 돌을 던지면 김·이·박 성씨 중 한 사람이 맞는다'라는 속담이 있다. 하지만 그 속담은 그 질문의 답을 내놓지 않는다. 한국에 사는 외국인들이 가장 궁금해하는 기본적인 질문이지만, 그 누구도 그에 대한 설명이 준비되어 있지 않다. 그에 대한 정답은 바로 이것이다. "김씨, 이씨, 박씨는 고대 왕조 왕족의 성씨이었습니다. 하나의 왕조가 교체되면 권력을 잃은 왕조의 귀족들이 파괴되는 다른 나라들과는 달리, 한국에서는 왕조 교체 시에도 구 왕조가 정말로 파괴된 적이 없었지요. 구 왕조의 귀족들은 수 세기에 걸쳐 계속 성장했습니다. 그것이 바로 김·이·박 성씨가 많은 이유이지요. 그것은 한국이 독특하게 평화롭고 안정된 역사를 가진 나라라는 것을 보여주는 상징입니다. 이는 세계 어느 나라에서도 볼 수 없는 현상이지요."

한국에는 김·이·박 성씨가 왜 그렇게 많은가?

그것이 바로 한국이 독특하게 평화롭고 안정된 역사를 가진 나라라는 것을 보여주는 상징이다.

이는 세계 어느 나라에서도 볼 수 없는 현상이다.

한국에서 김·이·박 성씨가 많다는 것은 한국 역사의 안정성을 보여주는 강력한 증거다. 그러나 대부분의 우물 안 개구리들에게는 '등잔 밑이 어둡다'라는 또 다른 속담을 말해주고 싶다. 이 증거가 너무나도 명백한데도 대부분의 한국인들은 현실에 너무 익숙해져서 김·이·박 성씨가 높은 비율을 차지하는 점을 그저 당연한 일로 여긴다. 그렇지 않다! 결코 당연한 일이 아니다! 어느 나라도 한국처럼 몇 개의 성이 국민 다수를 차지하는 나라는 없다. 왜 한국만 그런 것일까? 바로 한국이 오랫동안 안정적이고 평화로운 역사를 유지해왔기 때문이다.

나는 한국 사람들이 이 개념을 받아들이게 하는 데 시간이 걸릴 것이라는 점을 충분히 이해한다. 대부분의 한국 사람들 의식 속에는 20세기 전쟁과 희생에 대한 생각이 매우 강하게 남아 있기 때문이다. 하지만 한국은 이제 선택해야 한다. 여전히 20세기를 살 것인지, 아니면 20세기 이전의 수 세기 역사를 새롭게 인식하고 21세기로 넘어갈 것인지.

이제 확실하게 바꿔보자. 한국 역사에 대한 이해의 방향을 전환해보

자. 이 책은 한국의 역사가 놀랄 만큼 문민적이고, 안정적이며, 평화롭고, 독특하다는 증거를 많은 분야에서 제시하고 있다!

그림
출처

본문에 수록된 이미지는 국립중앙박물관 e뮤지엄(http://www.emuseum.go.kr)과 문화재청 국가문
화유산포털(https://www.heritage.go.kr)에서 공공누리 제1유형으로 개방한 것과 서울대학교 규장
각한국학연구원(https://kyu.snu.ac.kr) 자료를 이용하였으며 이미지 아래에 저작물명을 표기했습니다.
이미지의 출처는 다음과 같습니다.